U0362581

编辑委员会

主　　编　　陈曾路

执行主编　　陈小玲

撰　　稿　　王可达

统　　稿　　章　璐

图　　片　　贾　旻　　马旻睿　　王妤文

世间乐土

江南日常生活风景

EARTHLY

PARADISE

吴中博物馆 编

北京大学出版社
PEKING UNIVERSITY PRESS

目录

为了世界的遗产

◇ 陈曾路

吴县是中国最具历史和文化价值的县域单位，从秦始皇设郡县开始到 2001 年撤县建区，对吴县的研究是对中国最基层组织的绝好剖析。从宏观的地理环境、景观风物、政治经济到微观的人、事、物，江南的地理、文化和心理上的中心俱在于此。"吴县文物"的概念是需要厘清的，具有历史、艺术、文化和科学价值的遗物和遗迹，无论其材质、形态、功能，从原始时代的刮削器、砍砸器到明清的书画、瓷器和各种巧作精工的器用杂项，从单体的建筑到成片的村落和古镇，皆属于文物的范畴。在物质的文物之外，还有非物质的遗产，其范畴更广，技艺、传说、节俗、记忆皆属于此。在吴县的范围之内，也就是如今苏州的相城区、虎丘区（高新区）、工业园区和吴中区的区划范围之中，从万年之前的文明源头三山岛到如今最为富庶和发达的县区经济，文脉的延续和传承实际上揭示了江南文化发生、发展的全部过程。

缘起

对于东山、西山和太湖的印象，最早来自枇杷、杨梅之类，每年一次的采摘几乎成为一种仪式。去东西山似乎和去苏州是无关的两码事，后来很长一段时间其实也一直没搞清过吴县、长洲、元和以及苏州的关系（武则天的吴县分设吴县、长洲两县，同城而治。雍正时分设元和、长洲、吴县三县，同城而治至于清末。1912 年三县又合为吴县），吴门那些名人的籍贯很让人头痛。民国的《吴县志》是把各沿革关系梳理得最清晰的，有意思的是，民国元老李根源在那份几十页的表格中一直在强调"吴县"是郡或府下面的"首县"。现在想来，吴县的认同其实是坚强和执拗的，就像常熟、昆山、太仓（娄东）、吴江（震泽）一样，行政区划当然很容易变，但文脉的构建并不容易。反过来而言，苏州对太湖的感情也是很微妙的，苏州一直围绕着古城区展开推广和宣传，吴县、太湖一向都不是重心，甚至让很多人以为太湖全属无锡。事实上，吴县是苏州真正意义上的"母县"。1928年，划吴县城区建苏州市，市县才分治，距今不足百年（1930年又撤销苏州市并入吴县，新中国成立后又划吴县城区建苏州市，市县同城而分治，直至1983年苏州地区行政公署取消，苏州实行市管县的体制）。吴县"一分为四"之后，东西两侧的工业园区和高新区乃至北边的相城区更像是传统城市空间的一种扩张，南边的吴中区算是继承了老吴县的正脉，靠近古城的城南更都市化一些，到太湖边自然成了乡村（一度还有太湖区，后又属震泽，最后还是归于吴县）。

"山水间"显然是此间的核心竞争力，但当山水太过著名时，恰恰也会成为很多"不如意"的根源所在。自然资源、风貌景观和文化遗产的保护不免给城市发展套上了枷锁和镣铐。在苏州时，逢节假日有机会就会走访古村落古民居。从甪直、木渎、光福到东西山，最大的感受是"不容易"，太湖边要造一座厕所都需要层层审批，民居修缮远不是有钱就能搞定的事情，产权、资质、后续的开发经营都是问题，资源卫星不间断地监控着此间每一寸土地的使用情况。觉悟认识一直都在："居山水之间者为上，村居次之，郊居又次之。"文震亨的这个论断并非其个人的，实际上是当时江南文人的共同认知，之所以"世间乐土是吴中"，那是因为河网所连接起来的是生活便利性和能够让身心充分愉悦的自然和人文空间，各式各样、作者各异的"洞庭东山图""西山纪游图""具区图""江南春"所展示的是一种兼具现实和理想意味的人居范式。戴着镣铐其实既是挑战也是机遇。

博物馆收藏的对象是文物，对于可移动的文物，比如绝大多数考古发掘出土文物和传世文物的收藏，博物馆已然有一整套行之有效的流程、方法和标准。对不可移动的建筑、村镇而言，其体量巨大，一般的博物馆难以收藏（大都会复原了苏州网师园殿春簃的明轩和埃及的丹铎神庙 [The Temple of Dendur]，那是少数），但这不意味着博物馆不应该关注大体量的建筑和空间结构。不理解空间，也很难真正理解一旦脱离空间即会意义消解的物件。

数字技术提供了很好的解决方案，同时也面临巨大的挑战。不可移动文物分布范围广，涉及区域内 4 个国家级历史文化名镇、17 座历史村落，各级文保单位几百处。采集对象类型复杂多样，体量差别悬殊。既有细节丰富的砖、木雕，也有古建筑和建筑群，还有包括街巷、道路、水系、农田等在内的社区、村镇。针对不同对象，其数据采集、处理和呈现方式必然各不相同。在制定和实施数据采集、展示方案时，更需考虑时间、人力、物力和资金投入，在诸多约束下尽可能实现理想预期。在反复讨论、研究、比较和试验、磨合的过程中，完善了数据采集方案，并在实践过程中加以修正。对建筑与村落的数据记录，不仅用到传统的建筑测绘、照相等技术，还应用如激光雷达扫描、全景扫描、无人机航拍与建模等，通过计算机测算相关数据重建三维影像。以大尺度的村镇为例，采用的是无人机航拍与建模。无人机倾斜摄影测量与点云模型技术相结合，采用多旋翼单镜头的无人机对包括角直、木渎、东山、光福、明月湾、三山村、东村、杨湾、翁巷、衙角里村、东蔡村、植里村、舟山村、堂里村、后埠村、涵村等在内的17 座传统村落进行多角度倾斜摄影测量，生成点云数据，制作数据模型。飞行中分高度、分角度拍摄，依托高性能的计算机设备，利用 Agisoft Metashape 模型软件，对采集到的海量照片进行数据处理（对齐、生成密集点云、生成网络、生成纹理），自动拼合村落的点云数据，再生成相应的多边形模型。利用采集的数据，采用 3D 打印、激光雕刻、AR、线上互动等方式让这些文物实现交互体验，让观者深入了解和探索这座巨大的不可移动文物资源库。

打破尺度，洞见关系

数字展览的好处在于能够随意地变换尺度，洞悉对象之间的关系。"规划"自古有之，但"匠人营国""相天法地"和我们现在的城市规划是全然不同的概念。环太湖的古村落都是在历史发展的过程中逐渐形成的。东西山的几个有名的古村最早都可以上溯到吴越争霸时期，魏晋士人南迁是重要的发展契机，南宋奠定了格局，明清真正达到繁华。长达千年以上的发展历程，从厅堂、宅院到日常的生活、娱乐、交通、生产，乃至吴县这样一个行政区域，主观的调整也罢，长时段的渐变也好，所呈现的其实是人居的根本法则。例如"背山面水"之类的选址规律，其实都是对天时和环境的顺应。厅堂的尺度其实是由厅堂里的家具决定的，宅院的尺度是厅堂决定的，形成聚落的宅院自然构成社区，社区必然会衍生出各种社会活动，形态、性质相近的聚落组织在山水间连缀成片，最终构成环太湖最为独特的人文和自然景观。

以东山的杨湾村为例，原有"三街六巷门"之说，三条主街、六座巷门，大概能够代表宋元以来江南地区自然村落的一般尺度范围。其中长近千米，明清古建最为集中的"明代一条街"应该就是当年的"三街"之一。古代村落晚间出于安全考虑常会实行封闭管理，故而有巷门的必要，现在在村头"上天王"旁也有巷门，虽为新建，但未必不是原来"六巷门"之一。村中有清代的更楼，基本保存完好。更楼旁有多个池塘，杨湾村山水环抱，从村落整体安全和消防上的考量堪称完备。

轩辕宫在杨湾村的北头，轩辕宫大殿是苏州地区少见的元代建筑。传说春秋时期杨湾即吴国重要军事阵地，伍子胥在此迎接自己的母亲，故而建胥王殿祭祀，后改为轩辕宫。南宋抗金名将杨虎以此地为兵库，集战船千艘，抗击金兵。伍子胥时期杨湾是否有人居住尚未可知，将来有机会做些考古的话应该能解决这个疑

杨湾村里的更楼

问，但南宋杨湾已经形成比较大的村落可以得到某些传说和历史层面的佐证。辩证对待、科学分析口述和文本资料是溯源古村落历史的必要前提和方法。实地踏勘的话，会有更多感性认识。出轩辕宫便是杨湾村的古道，两者无缝衔接，通达顺畅。夹道就是用石块整齐堆叠，沿山势修筑而成的石阶和果木田垄，与建筑相错，各无妨碍。正值霜降之后，黄叶洒落青苔，红橘挂满枝头，煞是可爱，还有东西山常见的杨梅、枇杷树杂错点缀，若无长年累月的经营断无可能成此规模。环境的整饬有序和氛围的古意盎然，比之于村中古建筑更为难得，也提示在此地建筑年代所属的"明清"之前，杨湾的人居和生产活动已然颇具规模。沿着"明代古街"两侧分布各类历史建筑多达 57 处。其中包括元代轩辕宫、明代怀荫堂和明善堂 3 处国家级文物保护单位，久大堂、崇本堂、纯德堂和锦星堂 4 处市级文物保护单位。村内还散落着景云堂、逐祖堂、敦爱堂、崇仪堂、安庆堂、三善堂等 20 多座明清建筑，古桥、古井、古码头点缀其中。不少明清建筑门户前和院落旁皆植有银杏等古树，有的树龄近千年，可见历史上对于老建筑的修缮或改造向来以保存古迹（古迹绝不仅是文物和建筑）和文脉为优先，有机、可持续和绣花针般的改造并非现在特大城市更新的专利，细节处满是时间和智慧的堆叠印迹。

当下的古建筑研究越来越专精于建筑时代、样式和技术领域，斗拱的做法、梁架的形态、门窗的样式等变成了专家们的聚焦对象。微观的剖析和细读当然是有其必要和意义的，如同我们在"吴县文物数字展"中解剖作为江南典型民居的凝德堂（厅堂）和惠和堂（宅院），分析门楼、屋脊、轩架、山墙、户牖等种种建筑结构，"山雾云""水浪机"这样"诗性的"术语对于"古建素人"其实也能产生间离的吸引力。以《营造法原》这本"吴地建筑手册"中所说的"审度形式，予以变更之"的概念而言，这些"流云飞鹤"和"水浪花草"的装饰更像是一种技艺的炫耀，江南的风格实际上源于人工对天道的想象和追慕。之所以要"打破尺度，洞见关系"，那是因为我们在古建筑研究领域的目标不仅止于古建筑本

杨湾的古村道

村里的古树（1）

村里的古树（2）

杨湾村里的杂货铺，明代建筑和上了年纪的老人

身的"修""保"和"利用"，而是人居环境的整体保护和提升、文脉关系的梳理和传承。杨湾村乃至于东西山的不少古建筑已然倒塌，无法再为人所居，这是时间的必然。宋代的南迁客是如何处理江南卑湿地和中原文化关系的，明清的乡贤是怎样引导和规划村落的更新和发展的，这样的挑战并非当下的新课题，即便明清的杨湾已然有其异常出彩的回答。风貌、功能和环境的关系恐怕是最需要聚焦的方向，其实对于生长于斯的人而言并没有什么"宋元""明清"，只有卓然的屋宇、山水和江南这个材料运用、工艺技术和人居哲学最为卓越的样本。

再认识江南

江南既是地域的概念，也有其独特的文化意味。从山水风物、历史传承到情感认同，江南是中国最具诗意和美感的文化符号。

唐贞观元年（627年）分天下为十道，其中之一便是"江南道"，囊括今天的长江以南，南岭以北，西起川、贵，东至大海的广大地区。江南道是历史上最早以江南为地名的行政区。清顺治二年（1645年）的江南省，则是历史上最后一个以"江南"为名的省级行政区，辖区包括今江苏、安徽二省，也包括今天的上海。若以自然条件为依据，则环太湖就是江南的核心。其范围从苏、松、嘉、湖或苏、松、常、镇"四府说"到苏、松、常、镇、宁、杭、嘉、湖、绍、甬"十府说"。另有"五府说""六府说""七府说""八府说""九府说"等，均不出此范围。

认识江南，首先需要注意的正是区域景观和环境特征，而景观和环境实际上是"江南"这一概念之所以存在的根本。因为河网密布、温热湿润的自然条件，饭稻羹鱼才有基础，精工和巧作才会成为深入骨髓的基因。

江南的村镇和民居的发展历史，所表现出来的其实是先进的理念和营造技术在本乡本土的实践和应用。可以想见，宋元的杨湾应该也是《千里江山图》中那些村落的样态，最为重要的建筑，比如轩辕宫之类与北方并无大的差别。比较刘松年描绘临安的《四景山水图卷》和繁峙岩山寺的壁画，大概能直观理解江南和朔北的区别。建筑本身倒不是关键，关键的是山水。山水城市，典型者譬如苏、杭，到嘉兴、湖州、松江、常熟，再到木渎、甪直、洞庭西山、东山乃至杨湾、陆巷、东村、明月湾之类的村落，直至成千上万的不可计数的园、庵、寺和殿、堂、台、楼、阁、榭，最终到陈设于其间的假山、盆景、山水条屏，从最宏阔者到最微观的呈现，其肌理结构和内在关系其实是一以贯之的，小者是大者的切片和复制，大者是小者的演绎和升华。"山水城市"是江南的核心特征，"舟行山水间"是江南的标志，前街后河，因水而兴，尘世和喧哗本是繁华的根本，是士子和佳人逃不开的诱惑，山水里的城市既能享受城市的便利，又能占尽身心上的愉悦。

构建新的城市脉络

城市的兴盛是人流、物流、资金流高度集中的必然结果，城市的兴盛影响了人类历史进程，也决定了当下我们所追求的生活方式。城市的发展带来了高效、集聚和便利，但是也导致了拥堵、混乱、污染、焦虑、不平衡、不可持续等城市病，本质是以长期和终极性的人居环境为代价换取短期和局部的利益。消弥城乡界限，首先是城市面积的扩张和乡村形态的转变，然后才可能有新的城乡关系的形成。如果说明清以来的江南市镇和乡村其实是城市形态的部分"复制和切片"，当下的"美丽乡村"和"乡村振兴"其实是乡村功能城市化（现代化）和保持乡村传统风貌的更高水平的结合。"保持传统风貌"从逻辑而言并非最优选择，只是一旦对"改变风貌"的冲动不加以抑制，结果只可能是形态上的彻底混乱和审美上的巨大灾难。

技术的进步和发展，尤其是数字技术的发展，最终会让以资金流、人流和物流聚集为前提的发展模式发生巨大的变化，势不可挡的模式转变其实也是对人员密集模式的一种消解，顺势而为反而给了我们越来越多的选择。以聚集为优势和特征的城市模式越来越行不通，以个体的健康发展和惬意生活为目标的模式会越来越得到青睐。

山水城市不仅仅是山水风景中的建筑和人居，从明清江南的山水城市到未来的山水城市不是回退，而是升华，是技术进步和理念迭代共同作用的必然结果。在江南，毫无疑问，未来的山水城市（苏、杭）拥有的机会会更多，风景让人愉悦，网络和技术能够让工作和生活更便捷，恰如150年前的港口能够引领城市发展的风向一般。

世界的遗产

相较15年前已然成为"世界文化和自然双遗产"的西湖，太湖底蕴更为丰厚，直接涉及江、浙、沪，贯穿万年的文明史。太湖的风貌能保存到现如今的程度其实殊为难得，赵孟𫖯、倪瓒、沈周、文徵明、董其昌所倾慕的浩渺烟波于今仍是寰宇之内的绝佳景致。世事兴替，对太湖的敬畏从未消退，标准和水平与时俱进，取得的成果堪称典范。

当然也存在不少问题，勘查这些环太湖的村落，仍能发现不少古建筑甚至挂牌的"控保建筑"和"文保单位"出现各种状况，最严重者甚至已经完全坍塌。因为房屋产权关系的原因，对于私人产权的古（老）建筑的维修和保护实际上仍然存在很多障碍，涉及古建筑维修单位资质和房屋维修公私之间的出资比例问题，以及诸多难以破解的矛盾。在修复理念和标准上，我们所一直坚持的一些原则和标准与建筑使用者的当下实际功能需求之间其实有不小的差距，在学术和实践层面值得做更多的讨论和探索，对待不同的文物建筑和老建筑需要以实事求是的精神制定和遵循更为精细和科学的标准、流程和路径。

诸多问题中，最难处理的是"保护"和"发展"的关系。风貌保持下来了，建筑保存下去了，但只剩下老年人愿意留下来，外来的游客所喜欢的风貌和本地居住者的不方便、不惬意矛盾巨大，花了大力气修好的文物建筑除了少部分变成景点供人参观，更多的是关门大吉。有些古村落改造则绅士化、贵族化、资本化，脱离普罗大众。修、保、用的关系是微妙而辩证的。豪斯曼会把中世纪的巴黎拆平，德国人就能重建已经被炸平的德累斯顿，波兰人也能再造已成废墟的华沙。在奈良和京都有很多的"唐风"建筑，虽然实际上早已是无数次落架大修甚至重建的产物，但受保护的主要建筑及其所处的环境肌理是相吻合的，建筑功能也因为新材料和建造技术的应用并未受到影响。我们的城镇保护理念其实受意大利的影响很深，对大拆除持保留态度，强调城镇空间和发展的延续性，选择性地修剪历史街区的肌理来保持原有城镇的基本特性，为了必要的公共服务和配套设施，有时可以拆除部分不重要的老建筑腾出空间，将新建和扩张项目移出老城区和老街区，在维护历史建筑尊严的同时提升生活的质量，佛罗伦萨、锡耶纳、威尼斯的老街区改造皆是此种理念的具体实践。而布兰迪的修复理论中的"可识别""最小干预"和"可逆转"已然被视作基本宗旨。拉斯金是"反修复"的，但也是英国人最开始在乡村和庄园保护、城镇保护等方面拿出来一系列的政策和标准，包括我们现在所熟悉的"保护区""保护建筑目录"皆来源于此。关注地区的"历史特色"，在发展和保护之间寻求平衡。梳理"里昂老城""马莱街区""切斯特"这样的国外经典案例能给我们提供很多的借鉴，但最关键的是能否拿出符合中国实际、体现中国特色、彰显中国智慧的文化遗产保护和发展的理念及示范案例，太湖和环太湖的自然、风貌和人文遗产是最好的试验田和实践地。"必须以最高的标准和水平加以保护和利用"，这是共识；"拿出能破解现下难题的方案"，这是挑战。

在做数据采集的时候，我们的团队成员惊异于资源之丰厚、文脉之昌盛、风貌之完整，在国内几无出其右者。太湖理应以成为"世界文化和自然遗产"为目标，成为世界遗产不只是为一个虚衔，而是现实乃至于未来的可持续发展。

"老吴县"是环太湖的一个组成节点，"吴县文物数字展"是我们为太湖的更高层次的保护和利用所做的前期和基础工作，数字资源的采集和利用能够让更为精准的、高水平的研究和保护成为可能，也是未来改造和更新的基础，数字资源的展示是为了引导舆论、凝聚民意、形成共识。从吴县、太湖到江南，过去、当下和未来从未也不会断裂，一切都是为了世界的遗产。

（陈曾路，苏州吴文化博物馆/吴中博物馆馆长。）

追忆吴县

——从村居、市镇与建筑说起

◎ 雍振华

　　自然界中，人并非最为强壮的种类，但在经历了短短万余年的进化与发展之后，如今已跃升为动物界的主宰。对于这样的现象，古人就曾将其归结为"君子生非异也，善假于物也"（荀子，《劝学》），也就是善于学习先辈的生存技能，借鉴、模仿身边各种能让自己受益的现象从而进行创造。然而随着对于动物研究的不断深化，人们惊异地发现，这样的学习和模仿在动物界也十分普遍，甚至像蜂巢的精准、白蚁城堡的宏伟与高效至今仍为人类所感慨。其实人类社会之所以会有突飞猛进的发展，除了学习、模仿之外，还有最为根本的一点，那就是善于不断总结前人的经验，能够"站在巨人的肩膀上"做进一步的发展，而不必令后来者事事都从"零点"起步。上古时期"结绳记事"的出现，显示了人类已经有了总结以往经验的意识；文字的产生为各种经验的积累、总结、升华提供便利；近现代出现的博物馆、展示馆更是将过去的文明形象地、分门别类地予以陈设，使人可以更为快捷地学习到专门的知识和经验。吴中博物馆运用最新的"数字化记录手段"，不仅可将当地那些人们不易了解或有可能忽略的历史城镇、历史村落、建筑遗迹、文化遗产以及水陆交通网络等生成图像和模型，而且还能通过考证、研究，令一些著名的却已消失在历史长河中的文化遗产得以再现，同时也易于更大范围的快速传播，为全社会传统文化、古代文明的传承与发展提供支撑。

一

　　吴县，如今已是一个"曾经"的地名，但它在历史上却延续了两千多年。自秦始皇施行郡县制，于二十六年（前 221）置吴县，到公元 1995 年撤销，虽其间的地域、辖属屡有变化，但范围基本是以今天苏州市为中心的广大区域。我国古代长期施行所谓"附郭县"制度，也就是一些远离府、州治所的县须设有独立的县城，而那些近府城或州城的县治常同处于一城之中。吴县除隋开皇十一年（591）一度迁治于苏州城南的横山新郭外，始终为会稽郡、吴郡以及平江府、苏州府的附郭县。直到 20 世纪 80 年代中叶，在苏州老城之南建设新城区，80年代末将吴县政府机关迁入，方始与苏州城分离，所以苏州古城也可被看作吴县的中心，故地名为苏州，建制则称吴县。

　　历史上的吴县之地处于长江下游的冲积平原，这里地势低平，除有零星散布的丘陵低山外，多为广袤的平原。其间河港交错，湖荡密布。受亚热带海洋性气候的季风影响，这里气候温和、雨量充沛、四季分明。优越的自然条件使植物在此获得良好的生长，也令各类禽兽、水族获得护佑并繁衍，于是人类的先民被吸引到此定居。

　　太湖三山岛旧石器遗址的发现，反映了早在一万多年前我们的祖先就曾在这里留下了足迹。之后的马家浜文化、崧泽文化、良渚文化、马桥文化等新石器遗址几乎在原吴县各处都有发现，说明史前时期，当地已有延绵不绝的人类活动，并创造了灿烂的上古文明。

　　进入有文字的时代，不断增多的文献记载让我们了解到更多的古代文明，也看到了吴县地区社会逐渐发展的进程。晋室南渡，使原本远远落后于中原的江南地区在经济、文化上开始一步步赶上并超越了中原。尤其是到了宋代，江南的文化水平已经高于北方，经济也已成了全国的仰仗，故当时民间就曾有谚称"苏湖熟，天下足"（范成大，《吴郡志》）。明清时期江南的经济、文化有了更为迅猛的发展，这里的手工业、商业进入古代社会最为鼎盛的时期。从遗留的古代文献或古代遗存看，此时的文物都更为丰富，这不仅是因为时间的晚近，保留较多，其实也显示了当地文明程度的快速提升。

一方面是基于政治、军事的原因，历史上北方战乱频发造成了经济的破坏，而江南相对安定；另一方面则是因为当地良好的环境、气候以及丰富的出产。越来越多的文人士大夫被吸引，到此地定居。大量文人的聚集，给这方土地带来的不仅是文化的繁荣，他们对精致生活的追求也影响到了社会时尚，促进了手工业与商业的发展。就以与人们生活息息相关的衣食住行来说，处处都能体现出一种精美。当地有举国闻名的丝绸生产；有四时八节的时令菜肴；有各式制作精湛的"苏作"。在熟悉的苏式建筑中，我们看到了含蓄之中蕴含的精巧；在美轮美奂的园林中，我们感受到了景致的幽邃与典雅。因此，人们常常将这里比作人间的天堂。

二

人类的生存最为基本的要求是满足温饱需求，所以民居可以被视为最古老的物质文明形态。食物的获取有时只需通过简单地采集，个人就可以完成；而能够遮挡风雨、驱暑御寒的房屋却需有一定技能的多人协作，方能矗立于自然之中。最初人们只是利用自己熟悉的自然材料，运用已经掌握的简单工具，为自己营造、搭建一处容身之所。随着时间的推移，那些功能不甚健全，结构不太合理的房屋逐渐被淘汰，留下的开始为更多的人所模仿，这就是所谓"地域风格"的雏形。

吴地因特定的自然环境与气候条件，也形成了利用周边自然材料具有自身特色的民居建筑。如在东、西山依然保持传统风貌的村庄中，还能见到利用山石垒砌的民居；过去吴县地区广大平原的民居多用泥墙草顶，这样的"土阶茅茨"建筑在晚近数十年中已经逐渐消失。随着时间的推移，一方面是有些家庭可能因人口的增加或由于经济收入的提高，对房屋面积有了更多的需求，也需要更为宽敞的住宅，于是建筑规模会逐渐扩大；另一方面是文化的发展，住宅规模也越来越受到礼仪制度的严格限制，如明初规定，"庶民所居房舍不过三间五架，不许用斗栱及彩色妆饰"（《明会典·官民第宅之制》），所以形成了以单幢建筑面阔三间为基本单元的形制。

一般情况下，普通的三开间住宅其实已经具备了过去居民生活最基本的功能。居中的正（明）间用作堂屋，两旁次间做卧室。炉灶通常被置于堂屋的后部，或居室的后部。在相当长的历史时期中，广大农村地区的平民阶层所建泥墙草顶或块石墙体草顶的住宅也大多采用类似的布置。当人们感到这样的屋宇不够用度时，就会在三间主体建筑前连以厢房。有仅建于一侧的单厢，也有两侧都设有厢房的。若前面绕以墙垣，就成为曲尺形院落或三合院。如果将三合院的院墙改作门间，就成了两进四合式的院落。

出于礼仪的考虑，需要"内外有别"，于是再添一进做内宅，就形成"前堂后室"的布置。因为江南地势低平，地下水位较高，故后部的居室常常升为楼房，称"堂楼（楼厅）"。堂楼常视家庭成员的增多而有所增添，至三进而止。基于使用方便，其楼层通过厢楼前后兜通，称为"走马楼"。前堂则被扩大至整幢三间，有时因家庭人口众多，三开间的堂屋还不够使用，还会将其增至五间，只是限于当时"不过三间"的规定，因此当地居民会在室内用板壁分隔两侧梢间，将屋顶的正脊断开，前面天井砌筑塞口墙，造成依然遵循"不过三间"规定的假象。前堂（大厅）与墙门间（门厅）之间，通常还会设置一进茶厅（轿厅），目的是方便上下轿，同时也让轿夫等有一歇息的场所。于是大型民居就形成了沿轴线依次布置墙门间（门厅）、茶厅（轿厅）、堂屋（大厅）与堂楼（楼厅）的格局，有时后面还会增添一进单独的厨房、柴屋之类的附房，在满足生活之需的同时也令居处的生活功能更为明确和完善。

出于使用方便的考虑，大型民居一般为五进到七进，最多不超过九进。若还不足用度，则会在正落（中轴）两侧增加边落（次轴线），形成三路、五路的超大型府邸。边落（次轴线）布置相对较为随意，有书房、客房等，其间的天井中还会莳花栽竹，布置成为小园。当宅主财力雄厚且耽于享受时，还会在边落或宅后布置具有一定规模的园林。

过去，无论村庄或城镇，其中居民的经济实力、文化水平都会有很大的差异，所以他们的宅第就会呈现出规模大小和奢简的区别，深宅大院只是少数。或许因那些拥有大型宅第的主人有着为人艳羡的社会地位，所以当有些人的社会地位提高、经济条件改善之后，就会改造、扩建自己的住宅。晚近数十年社会多有变化，人们的收入也有了普遍的提高，于是改建住房变得十分普遍且频繁。吴地民间曾流行着这样的说法，"50年代住草房，70年代翻瓦房，80年代造楼房"，后来又增添了"90年代楼房改洋房"。所以那些规模较小、品质稍差的民居渐渐减少乃至消失，有些大型民居也因过度使用或年久失修而破败乃至坍塌。然而由于原来的吴县经济发达、文化昌盛，故仍有不少至今留存。仅在今天吴中区的范围中，目前还保留了数百座传统民居，其中像东山镇上湾村的明善堂、陆巷村的惠和堂以及金庭镇东村的敬修堂、明湾村的瞻瑞堂等，即便在过去也属最为精美的大型民居的代表。还有像金庭镇东蔡村的春熙堂花园、秦家堡的芥舟园等，也都体现了苏州古典园林的艺术特征。

三

村庄是最为古老的物质文明形态之一，因为人类为生存而进行的生产活动，如狩猎、营造建筑等，大多时候需要依靠集体的力量，所以聚族而居的形态就由村落得以体现。

当然，如今我们已没有办法见到早期的村庄了，即便在考古发掘的文化遗址中，要想了解村庄的全貌也十分困难。因为村庄构成的主要要素建筑时时处在新旧更迭当中，从而使村庄也在不断发生变化，影响村民生存的天灾人祸也时有发生。当严重的水旱、疫病以及兵燹等自然或社会问题发生，并影响到定居居民的生存时，被迫离开赖以为生的聚落往往成为最后的选择。他们向着自以为可以避难、求生的地方迁徙。居民的离去，使村庄开始破败，建筑陆续倾圮，田园逐渐萧疏荒芜，聚落似乎在自然中被降解。直至灾难过去，人们陆续返回，或者有新的迁徙者来此定居，再度从筚路蓝缕中开始聚落新一轮的兴衰轮回，因此今天所见的那些号称历史久远的村庄，其存世的时间也并非想象的那样久远。

太湖西山岛上的明月湾，相传是春秋时吴王避暑的离宫，[1] 被认为是一座历史最为悠久的村庄。依据村民的说法，他们的祖先是在南宋时期到此定居的。而从尚存的传统建筑门额题款中所见到的最早年代，则是在乾隆年间。如果这些都有所依，那么至少说明这座古村在 2500 多年的岁月中，不仅出现过民居的新旧更迭，甚至还曾发生过兴衰轮替。

村庄的形态会随着时间的推移而发生变化。在今天，我们可以看到村庄由于自然的河流、山形地势而呈现出不同的形态，如河畔的村庄常常会沿着河道的走向呈现带状分布；山坞内的村庄会因四外有山体的环绕而呈现团状内聚的形态。其实，这只是即时所见到的形态，而非一直如此。我们知道，当一群因天灾人祸而背井离乡的人来到一片无主的荒地时，除非到了那些陡峻的群山之中，一般会考虑居住的便利而选择一片地势稍高且平坦的地方修建房屋。最初的房屋通常十分简陋，因为急于有一方能够遮风避雨的容身之地。为了能相互照应，房屋都会相互靠拢，团状的布置最为合理。随着生活安定，开始垦殖周围的荒地；有了农耕的收获，人口也会随之增长，村庄可能因此而扩大，但由于过去的农耕生产方式，无法到远离村庄的土地进行耕作，而且农业产量也十分有限，所以当人们感受到土地承载力不足时，通常是让一部分人前往别处另建新村。[2]

同样是明月湾，在其东面翻过山梁曾有一座名为"小明湾"的村庄，从名称上我们就可以看出它与明月湾的联系。因为明月湾人口增长，村庄周边又有山体的环绕，阻碍了向外扩张，故为缓解资源压力，将一部分居民迁出，另建了小明湾。只是在20世纪90年代末，有人看中了小明湾的土地兴建培训中心（宾馆），遂将小明湾的村民回迁。如今明月湾外围环岛公路旁的民居即为回迁村民所建。

在原吴县的东、西山，有些村庄周围虽然也有山岭，但村庄与山地之间尚有余地，所以在晚近数十年间采用了扩张的方法，使几座原本相邻却各自独立的村庄渐渐连成了一体。如东山镇的双湾村，作为行政村它由金湾与槎湾合并而成，彼此独立，或许只有行政上的联系。其中的槎湾村如今是一座团状的村庄，但如果了解一下该村的演变，就会知道最初有各自独立的槎湾、古周、牌楼三座自然村落，它们是在一定的历史时期，受到各种因素的影响逐渐融合而成的。类似的情况其实十分普遍，像东山镇的杨湾，如果按今天的形状，称其因自然环境制约而形成曲尺形的村庄，那么至少忽略了历史上杨湾、上湾、大浜这三座自然村的形成以及逐渐合而为一的过程。

村庄在各种因素的影响下，不断发生着变化，许多变化较快的村庄如今已很难看出原先的模样或传统风貌。所幸的是，当地政府对传统村落的存在具有足够的认识，当地村民对于自己生活的地方具有深厚的感情，这让许多极具特色的古村，如东山的陆巷、三山岛，西山的明月湾、东村等一批村庄得以完好保留。如今原先的吴县、今天的吴中区所保留的古村数量在整个江苏为数第一。

四

"市"的出现虽说也十分久远，但在北宋之前，它只是一种物物交换或货品交易的场所，[3]而且通常依附于城，以至于今天我们还经常使用"城市"一词。当然广大的乡村也有货品交易的需求，往往在城乡交通的要道旁自发形成交易场所，"朝则满，夕则虚"（《战国策》），由于它不像各级城中的市，属于政府设立，形制简陋，故称"草市"。随着商品经济的发展，许多草市日益繁荣，甚至有些被升格成了州县治所。正是由于草市在国民经济中扮演了越来越重要的角色，到北宋初年正式确立了市镇的行政建制。宋代之后，江南经济有了大幅度提高，作为基层商品集散地的市镇由此获得发展的基础，尤其是经历了明代嘉靖、万历时期和清代康乾时期迅猛发展。明代前期，吴县有了木渎、光福、横塘等六镇一市，到了清末达到相距12华里到35华里就有一座市镇的密度。

过去，镇的规模一般在千户以上，大的可达万户；市的规模在100户到300户之间，极少达到500户，却有仅数十户的。因为江南地处水乡，河道往往是当年重要的交通孔道，所以市镇通常有一条市河贯穿其中，河道两侧形成市街，沿街为鳞次栉比的各色店铺与作坊。市街两侧有小巷通往市镇深处，那里散布着市镇居民各种规模的住宅。由于市镇空间十分紧凑，也因其中的居民构成复杂，有来自各地的行商，也有在市街开店的坐贾；有各色作坊的作坊主，也有受雇的工匠，甚至还有等候雇佣的脚夫、帮工；有亦工亦农的农业人口，也有在此定居的士大夫，因此不同居民的住所也呈现出相应的区别。总体上看，建筑的品位会低于县城而高于乡村。

因为市镇是一个基层的商业中心，承担着商品集散的任务，所以在过去四乡的产业往往造成了市镇形态差异，显示出各自的地理与经济特色。然而，随着社会的变革，市镇经济与乡村的关系不断削弱，与发达的工业城市加紧了联系。在强调市镇本身发展与建设中，绝大多数市镇渐渐失去了自身的特点。如今，在吴中区（过去吴县的一部分）还能依稀辨识过去市镇风貌的也就唯有甪直、木渎和光福了。

五

公元前 221 年秦始皇统一中国，在全国推行郡县制，在吴地设立吴县，隶属会稽郡。吴县为会稽郡首县，郡治设于吴县，由此开始了吴县与苏州郡（州或府）同城的历史。之后在唐初（武则天万岁通天元年，即 696 年）析吴县东部为长洲县后，吴县与长洲两县同城而治。清雍正二年（1724）又在长洲之地分出元和县，出现了三县同驻一城的景象。清末裁撤苏州府及长洲、元和、吴三县，将府城及三县之地设为苏州，不久将苏州改称吴县。可见，自吴县诞生，苏州古城一直就是吴县的县城，直到 20 世纪 80 年代末吴县政府机关迁出。

一般认为，今天的苏州古城始建于春秋后期，是吴国大夫伍子胥帮助建设的阖闾城，距今已有 2500 多年的历史。其规模大城"周回四十七里"，内筑小城"周十里"（赵晔，《吴越春秋》）。对照南宋理宗绍定二年（1229）留下的《平江图》碑，似可发现碑中描绘的城图与《吴越春秋》的描述相差无几，由此显示出春秋晚期所建的阖闾城一直为后世沿用的推断并非臆断。而《平江图》碑所描绘的城池、城门、街巷、河道等大部分至今仍可以找到遗存，一些与今天不同的地方，也能从一些文献中看到相关的变动记载。所以，苏州自阖闾筑城以来2500余年并未由于自然或人为原因而另选新址的历史可以为人们所认可。那么，认为吴县自确立之后，其县城在承袭了阖闾旧城的基础上延续使用了2000余年，应该也没有太大的问题。

据说当年伍子胥在阖闾城选址的过程中"相土尝水"，做了深入的调查，因此较好地解决了地势低平地区兴建城池中可能出现的水患问题。虽然古人以为，当时城周设水陆各八门是为了"象天法地"（赵晔，《吴越春秋》），但实际上解决了有可能出现的积涝和降低地下水位的问题。在之后不断完善的过程中，终于构成了城内有"三横四直"——七条主河道分布的体系，形成"水陆相邻、河街平行"的双棋盘城市格局。而古城历久不变，被认为"即以为河道所环故也"[4]。

与绝大多数县城一样，城市外围建有城墙、城壕。四周开设城门，北、南、西三面各设一门，东面二门。每门均水、陆并列，除南门外均无城楼。城内无穿城直街，街道均取正方向，呈丁字或十字相交。与河并行的街巷散布着面街背河的住宅。因为该县城同时也是府城，社会地位会高于一般县城，且当地经济繁荣，故民居的规格较高，许多邸宅往往带有园林。当然，作为一方的治所，城中少不了各种官衙。原先城内子城被用作府衙，元末朱元璋平灭当地的张士诚割据政权，子城被毁。为了满足居民的精神寄托，城内外建有不少的寺观；为了彰显县城、府城文化中心的地位，城中设置了府学、县学。

随着社会的发展，这座府县同处的古老城市也有了巨大的变化。因有了文化意识，保护古建筑遗存、保护传统风貌与新的建设之间的矛盾得到了较为妥善的协调，所以城市中诸多古建筑都有较好的保存。尤其是其中的府宅、园林、寺庙、衙署仍以建筑的精湛、花园的幽邃成为全人类的文化遗产。

虽然在数千年间人类创造了无数文明，但其中的建筑不仅因其体量而最为醒目，而且还与每个人都会有联系。有人把建筑比作雕塑，因为它有着优美的造型；也有人将其喻为音乐，因为它的空间变化充满韵律。其实，我们又何尝不可以把它看作一部史书？一座建筑在诞生之时就彰显着主人的经济实力乃至社会地位；建筑上的修饰反映了当年的时尚……之后建筑的破败、翻修乃至重建又说明了其主人的荣辱兴衰。通过一座建筑可以了解某一家庭变迁的故事，甚至折射出整个社会的发展。所以保护、保存过去的建筑对于了解历史有着极为重要的意义，而深入研究更能让人理解历史变迁的内在原因。吴中区博物馆聚焦吴县地区文化遗产、建筑遗迹，以及历史城镇、历史村落等，并用数字化记录手段予以呈现，其意义可以说善莫大焉！

（雍振华，苏州科技大学建筑与城市规划学院，教授。）

〔1〕 《苏州府志》："明月湾，吴王玩月于此。"
〔2〕 费孝通：《江村经济》，上海人民出版社，2007年版，第24页。
〔3〕 《说文解字》："市，买卖所之也。"
〔4〕 顾颉刚：《苏州史志笔记》，江苏古籍出版社，1987年版，第37页。

江南水乡古镇
水上商贸网络体系

◎ 李新建 · 杨天驰

明清时期，在农业、手工业、商业发达，水上交通便利的江南经济区，星罗棋布的市镇并不是孤立存在的，它们相互关联、相互依存，形成市镇平均距离10多里水路的水乡商贸网络体系。

江南商品经济的产业布局，对于其市场体系的形成、商品流通的格局与特点都带来了很大的影响。至清代，江南地区已初步形成三个相对集中的农作物分布区：滨江沿海地区属以棉为主或棉稻并重的棉稻产区；"北不逾淞，南不逾浙，西不逾湖，东不至海"的太湖以南地区为蚕桑区或桑稻并重区；其他地区诸如太湖北部常州府属的无锡、宜兴，松江府属的华亭、青浦等"西乡地区"，则是以水稻为主的稻产区。与此同时，在各桑、棉种植区内，兴起了与这种农业生产布局基本相适应的丝、棉纺织业，成为江南地区商品经济活跃繁荣的基础。

明清江南地区的产业布局与四通八达的江湖水路相辅相成，形成区域内部特有的周密的水上商贸网络，使具有产业联系的市镇连成一体，呈现一种经济一体化的态势，并沟通全国各地的贸易市场。

一、江南地区产业布局

（一）棉业

棉业与丝业同作为明清江南地区最重要的经济支柱，具有截然不同的产业分布特性。松江所出棉纺织品较之苏杭地区的丝织品涉及更广泛的消费层次，"所出皆切于实用，如绫、布二物，衣被天下，虽苏、杭不及也"[1]。其木棉布出沙冈、车墩，另有番布、兼丝布、药斑布、苎布、黄草布、麻布等品种[2]。松江府上海县人叶梦珠记载明末清初当地棉布向全国市场销售的情况：

> 棉花布，吾邑所产……上阔尖细者，曰标布，出于三林塘者为最精，周浦次之，邑城为下，俱走秦、晋、京边诸路。……其较标布稍狭而长者，曰中机，走湖广、江西、两广诸路，价与标布等。前朝标布盛行，富商巨贾操重资而来市者，白银动以数万计，多或数十万两，少亦以万计。以故牙行奉布商如王侯，而争布商如对垒……[3]

值得注意的是，如此巨额的棉布交易最主要的部分并非发生于府城或县城中，而是在江南地区大量的市镇中进行。棉业市镇在江南市镇网络中，具有举足轻重的地位，影响最大、数量最多，是沟通棉纺织个体生产者、手工业作坊、棉布行庄与各地客商、各地市场联系的重要渠道及商品交易中心，也是远近闻名的生产中心。在这些市镇上，牙侩广设布行、布庄，招徕客商，成为商贾云集的交易中心。例如朱泾镇，明中叶镇上"居民数千家，商贾辐辏"，成为"走两浙达两京"的要津，以松江棉布集散地闻名海内。枫泾镇与朱泾镇并驾齐驱，"前明数百家布号，皆在松江、枫泾、洙泾乐业，而染坊、端坊商贾悉从之"[4]。位于苏松之间最短路线上的朱家角镇，"商贾凑聚，贸易花布，京洛标客往来不绝"[5]，是与朱泾镇、枫泾镇南北呼应的棉布交易重地。除此之外，松江府还有莘庄、乌泥泾、法华、七宝、金泽等重要的棉纺织品生产和交易市镇。

苏州府的嘉定、常熟、昆山、太仓一带也盛产优质棉布，素有"苏布名重四方"之誉。万历时，嘉定县"种稻之田约止十分之一，其余止堪种花、豆"[6]，其外冈、南翔、娄塘、黄渡及纪王庙镇等均为明清时期江南地区著名的棉纺织品集散地。南翔镇还是徽商在江南地区的一个重要聚集地，他们把收购的棉布贩至临清、江淮[7]，贸易触角遍及大江南北。常熟，明时木棉"尤盛"，"至于货布，用之邑者有限，而梱载舟输，行贾于齐鲁之境常十六"[8]。至清代，仍然广种棉花，"常、昭两邑岁产布匹，计值五百万贯。通商贩鬻，北至淮、扬，及于山东，南至浙江，及于福建。民生若无此利赖，虽棉、稻两丰，不济也"[9]。太仓州在明清时期广植棉花，同样是江南棉纺织品的重要产区。"州地宜稻者亦十之六七，皆弃稻袭花"[10]，所产"苎布真色者曰腰机，漂洗者曰漂白，举州名名之。岁商贾货入两京、各郡邑以渔利"[11]。

棉织业兴起于松江，入清后，棉布染整和集散中心渐西移到苏州，"如织造布匹，向例在苏办染，并不在本邑（松江）采买"[12]。苏州是当时江南地区最大的棉布染织二度加工基地，全城有百余家的棉布字号对所收购或将要出卖的棉布进行加工处理。当时城乡居民家庭所织布匹主要是元白布，他们急于出售或缺乏工本，无法进行再加工，因此坐庄收购的都是元白布，没有经过漂白或染成花色，更不讲究光泽，不能适应各类消费者的需求。如销往黄土高原的布匹，必须经过碾端压光，使布质紧密，避免黄土附着。棉布的加工诸如染坊、端坊等遂发展起来。清代时，松江布多到苏州加染，大布店也纷纷迁往苏州。苏州加染的布称"苏布"，印花的称"苏印"，清廷需要的青蓝布也都由苏州采购。棉织业发达的太仓、常熟每年约有千余万匹棉布远销苏北、山东、浙江和福建，这些棉布大多也都要先汇集到苏州再运销各地。

嘉兴府虽为江南五府一州中重要的丝织业基地，但其境内的嘉兴、嘉善、海盐、平湖等县均有棉纺织业，正德及万历年间的《嘉兴府志》物产篇中均有棉布相关记载，至清各县已有相当规模的棉纺织业。嘉善县"东近华亭，妇女勤杼轴"[13]，四乡农家以纺织为业，县治魏塘镇明时即有"买不尽松江布，收不尽魏塘纱"之誉。嘉兴县的王店镇，"物产之利者，首推纱布"，"里出纱布，有白布、水纱灰料等名，行于苏、松、衢、婺诸郡，远及关东，商贾辐辏，收买无虚日"[14]。平湖县在明代棉纺织业也比较发达，"枲多于桑，布浮于帛"[15]，入清以后"比户勤纺织，妇女燃脂夜作，成纱布，侵晨入市易棉花以归"[16]。

明清时期，常州府的棉花种植仅江阴、靖江两县较多，武进、宜兴只有少量种植，而无锡几乎不种棉花[17]，但常州府的棉纺织业相当发达，与松江府、太仓州同为江南棉纺织业最集中的地区，江阴甚至曾是松江以外最重要的江南棉纺织业中心之一，"棉布，以木棉为之，虽在处皆有，然举其最盛者，则概天下莫如松江与江阴"[18]。常州府武进县的焦溪、横林、新安等镇，江阴县的华墅、青阳、周庄、南闸等镇，无锡县的东亭、安镇，均是以棉纺织业为主要产业的市镇。江阴本身就是江南主要的植棉区之一，而武进、无锡所生产的棉花甚少，其发达的纺织业很大程度上依赖从江阴、常熟、太仓、松江以及江北的通州等地购入棉花。

由此可见，明清时期的江南地区，植棉业与棉纺织业高度发达，覆盖范围极广，联系大小市镇。在产业布局上，形成了以松江府、太仓州为中心，兼及常州府、苏州府与嘉兴府部分县镇的棉花种植格局，沿江沿海呈半环形的带状分布。大面积的棉花种植为江南地区棉纺业的发展提供了丰富的原料，不仅为植棉区本地，也为无锡、武进、嘉善、乌程、海盐等纺织业发达但不产棉的地区供应棉花。在纺织业的专业分工中，大致松江西南部、嘉兴东部一直延伸至苏州南部、湖州东部和杭州北部的区域主要生产和输出棉纱，松江东部、太仓州、常熟、常州府诸县以棉布生产为主，棉布的印整则主要集中在苏州府城。

江南地区棉业范围分布广阔，植棉、纺纱、织布分工明确，使得城市及棉业市镇之间贸易往来密切，还有大量客商一路收购花、布销往全国各地，是促进江南地区的水上商贸网络形成与发展的最主要的产业。另一方面，由于清代江南地区植棉区域的扩大，棉田进一步排挤粮田，造成江南米粮对外的依赖加重，在棉业贸易路线上也促进了粮食的运输，城市与市镇上的米市得到进一步发展。

（二）蚕桑与丝织业

蚕桑与丝织业是江南地区的传统副业，明清时期，蚕桑业基本以嘉兴、湖州地区为中心，丝织业则以苏州、湖州地区为中心。

明中叶以后，随着江南地区商品经济不断发展，丝织品生产日益发达。苏州府吴江县"绫绸之业，宋元以前，惟郡人为之。至明熙、宣间，邑民始渐事机丝，犹往往雇郡人织挽。成、弘以后，土人亦有精其业者，相沿成俗。于是盛泽、黄溪四五十里间，居民乃尽逐绫绸之利"[19]。至万历年间，苏民"多以丝织为生。东北半城皆居机户，郡城之东，皆习织业"[20]。苏州成为"家杼轴而户纂组"的丝织城市。入清以后，苏州地区的丝织业在明中期的基础上继续发展。以吴江县而言，顺治年间，所产"绸绫罗纱绢，不一其名，京省外国，悉来市易"[21]。丝绸名镇盛泽在明嘉靖时以绫绸为业的居民百家，康熙时"富商大贾数千里辇万金而来，摩肩连袂，如一都会矣"[22]。

湖州府为江南地区的蚕桑与丝织业中心，明徐献忠《吴兴掌故集》载，"吴兴独务本力，故蚕丝物业饶于薄海，他郡邑咸藉以毕用；而技巧之精，独出苏杭之下"[23]。明嘉靖时，"湖丝绝海内，归安为最，次德清，其次嘉之桐乡、崇德，杭之仁和"[24]。清代，"比户养蚕"的记载于湖州府各县镇方志中屡见不鲜，丝织业较前代更为发达，其境内的南浔、乌镇、菱湖、双林等均为著名的丝织重镇，新丝上市之时，"列肆购丝，谓之丝行。商贾骈集，贸丝者群趋焉，谓之新丝市"[25]。湖丝远销全国各地，并出口海外。同时，由于蚕丝业的发达，湖州成为江南地区缺粮区，"本地所出之米，纳粮外不足供本地之食，必赖客米接济"[26]。

嘉兴府七县的蚕桑业各不相同，康熙《嘉兴府志》记载，"甚于海盐、石门、桐乡，而嘉秀次之"[27]。就治丝而言，湖州府最优，南浔人缫丝水平高，"多有往嘉兴一带买茧归缫丝售者，亦有载茧来鬻者"[28]。嘉兴府则以纺织见长。秀水县的王江泾、濮院镇等，都是江南著名的丝织重镇，"吾里机业十室而九，终岁生计"。濮绸更是以其"质细而滑且柔韧耐久，可经浣濯"[29]而名噪天下。

苏州、湖州、嘉兴作为传统的蚕桑丝织区，大批丝绸业市镇分布于太湖东南面的扇形地带，就经营性质而言，可以区分为丝业市镇与绸业市镇两大类。著名的丝业市镇有苏州府吴江县的震泽镇，湖州府乌程县的南浔镇、乌青镇，归安县的菱湖镇，嘉兴府崇德县的石门镇等。著名的绸业市镇有苏州府吴江县的盛泽镇、黄溪市，嘉兴府桐乡县的濮院镇、秀水县的王江泾镇、嘉兴县的王店镇，湖州府归安县的双林镇等。与棉业产品的流通类似，蚕桑与丝织品的流通，促使太湖东南区域的市镇及三州府城间形成紧密关联的水上商贸网络。

（三）粮食业

南宋时期的江南地区是全国最大的粮仓，这里出产的稻米，除运往京师临安之外，还运往江北的扬州，转销各地，也由海路运往浙东、闽粤等地。进入明代以后，商品经济不断向农村渗透，促使农家经营出现商品化倾向，集中体现在新兴的棉作经济、蚕桑经济以及其他经济作物栽培与手工业经营，日益明显地压倒了传统的稻作经济，从而改变了先前以水稻栽培为主的农业结构。加之大量市镇的涌现、非生产性城居人口的增多，使粮食购买需求量大增，江南地区从原本的粮仓变为缺粮区。

随着商品粮大量输入，米市兴旺，无论城镇人口还是乡村人口，都出现了"仰食四方"的新现象。江南地区形成了以苏州为中心的米市，首屈一指的苏州米市是阊门西七里的枫桥；吴江县的平望镇，"控扼嘉、湖之要道"，"自弘治迄今（乾隆），居民日增，货物益备，而米及豆麦尤多。千艘万舸，远近毕集，俗以小枫桥称之"[30]。其他市镇也多有规模不一的米市，如同里镇，"民淳俗厚，贸易最盛"，以米市为最，镇上米市"官牙七十二家，商贾四集"[31]。黎里镇的米市集中在东栅，"每日黎明，乡人咸集，百货贸易，而米及油饼为尤多。舟楫塞港，街道肩摩，其繁阜喧盛为一镇之冠"[32]。

作为丝织品贸易中心的盛泽、双林、乌青、南浔等镇，缺乏本地所产的粮食，米市贸易也颇为繁盛。南浔镇，"本地所出之米，纳粮外不足供本地之食，必赖客米接济"[33]，镇中米市是全镇仅次于丝市的商业中心。乌青镇的米业还兼营豆麦陆陈各乡货，于四栅开设牙行，"运销硖石为多数，其次如无锡、奔牛、嘉兴等处，亦有米谷稑陈交易，每岁营业为数颇钜"[34]。

江南地区总体意义上的缺粮并不意味所有地区都缺粮，其内部也存在区域调剂，湖广之米亦从江南市场转销福建、天津等地，这些因素共同促使江南地区的粮食贸易形成了贯通一体的市场网络。江南各类市镇中，除枫桥、平望、同里、黎里、塘栖等市场流通以米粮为主的粮贸专业市镇外，其他一些丝、棉贸易大镇也有着相当繁盛的米市贸易。它们与苏州、无锡、嘉兴这些大城市中的米粮中心遥相呼应，以河流为主要运输线，与棉业、丝业贸易路线相结合，共同担负着江南地区粮食的市场供应与调节任务。

二、江南地区水上商贸网络体系

（一）江南水乡古镇系统的空间关系

施坚雅对清末城市以下级别的市场按经济地位分为：在流通网络中有战略性地位的中心市镇、承接商品和劳务向上下两方垂直流动的中间市镇，以及满足农民普通贸易需求的标准市镇，并根据 20 世纪 60 年代在四川地区的调查推演出一套标准市镇间距约 8 里、低级市场围绕上一级市场的六边形空间模型。

樊树志测算江南地区市镇间距为 12—36 里，[35] 大于施坚雅在四川调查得到的 8 里，一是江南水路之于四川山路的可达性更广，二是市场等级变高。明清时期江南地区的市镇有着更高级的专业分工和贸易关系，已经在施坚雅的市镇层级划分上发生了跃迁。大量标准市镇不但需要满足周边农村居民采购生活用品的需求，更需要承担棉纺织品、丝绸产品、粮食、盐、编织品等商品的集散和批发贸易功能，收集的地方产品通过一条条水路输往周边的平级市镇进行下一步加工，或集中到更高一级的批发市场——中心市镇或州府县城，相当于施坚雅所定义的中间市镇。仅有那些由村演变而来的市或者小镇才符合施坚雅定义的标准市镇。

错综复杂的贸易关系又使得江南市镇的空间组织关系并不局限于施坚雅以中心地理论为基础的六边形空间模型，而是发展出了以远途水路贸易为基础的线性关系。例如常州府武进县的焦溪镇，不仅与周边的农村、市镇发生关系，还凭借棉花、棉布、蒲包等产品的贸易与江阴、常熟、昆山各镇，甚至松江府、长江以北地区发生直接联系。六边形空间模型在江南市镇网络中的适用性变弱，而区域间的线性关系增强。

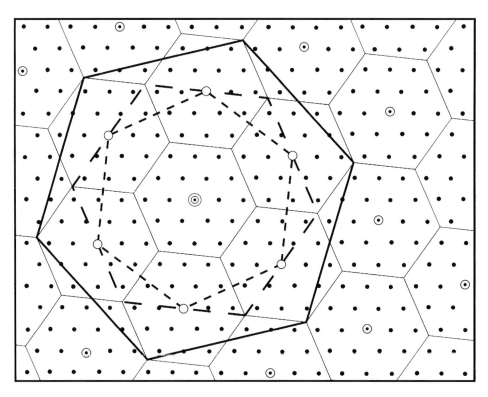

图例：

● 村庄	◎ 中间集镇	—— 标准市场区域边界	– – – 模型"A"
○ 标准集镇	◉ 各种其他集镇	—— 理论可能性	– - – 模型"B"

图1 施坚雅推演的作为稳定的空间体系的中国基层市场区域的模型，与三个中间市
　　场区域的可能模型（［美］施坚雅：《中国农村的市场和社会结构》，史建云、徐秀丽译，中国社会科学出版社，
　　1998年版，第24页。）

（二）江南地区水上商贸网络框架

由于繁盛的产业之间的紧密联系，江南地区依托得天独厚、四通八达的江
湖水路，形成了区域内部城市及市镇之间特有的水上商贸交通网络：以城市为
最重要的终端或节点，串联起各大特色产业的市镇，由此极大地促进了江南地
区商品的流通与贸易往来。

江南地区大部分重要的水上商路，实质上也是棉业贸易线路，并以松江府
和苏州府为中心，在两城南线、中线、北线的多条线路上，串联众多棉业市

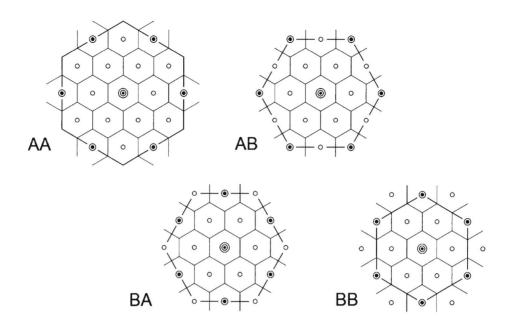

每个模型的中心是一个中心集镇。小圆圈代表标准集镇，沿每个体系边缘的较大的圆点代表中间集镇。没有画出村庄。当各个层次的市场都严格按照模型 A 或模型 B 分布时，结果便是 AA 和 BB 各自所显示的体系。AB 和 BA 体系表示两种模型分布的混合状态

图2　施坚雅归纳的四个中心市场体系的空间模型（［美］施坚雅：《中国农村的市场和社会结构》，史建云、徐秀丽译，中国社会科学出版社，1998年版，第37页。）

镇，同时向外辐射嘉兴府、常州府和杭州府。苏松一带棉业市镇之间的联系因此较其他地区更为紧密。在明代黄汴的《一统路程图记》与程春宇的《士商类要》[36]所记载的江南地区众多水运商路中，大部分也都是苏州府与松江府之间以棉业贸易为基础的商路，包括：

1）南线：苏州府由嘉兴府至上海县水路、松江府由嘉善县白三荡至苏州府水路、松江府至金山卫水路、松江府至青村水路、嘉兴府至金山卫水路、杭州府至上海县水路；

2）北线：松江府由南翔至上海县水路、松江府由太仓至苏州府水路、陶桥至刘家河水路、白鹤江由烧香山至松江府水路、松江府至乌泥泾水路；

3）中线：松江府由官塘至苏州府水路、松江府搭双塔船至苏州府水路、苏州府由周庄至松江府水路、苏州府由陶桥至松江府水路。

此外，以棉业贸易为主要纽带的水上商路还有太仓由常熟县转至常州府水路、苏州府由常熟县至通州府水路，前者是一条贯通东西、覆盖太湖北岸主要棉业市镇的水运商路，后者则是苏州通过棉业大县常熟连通江南江北的一条重要商路。这些以贩运棉花和棉纺织品为主的商贸路线，具有如黄汴所言"路须多迁，布商不可少也"的特点，以涵盖更多的棉业市镇。

江南地区的丝织业主要集中在太湖东南岸的扇形地带，这一区域的市镇贸易水网总体而言不如松江府至常州府一带密集，因为丝织业生产技术要求高、劳动力集中的特性，使得丝织业市镇规模一般要比棉业市镇大得多，密度则相对变小，因此这一区域以丝织品贸易为主的水上商贸网络相对于以棉业贸易为主的商贸网络而言也更稀疏。其中最重要的两条商路便是苏州府至湖州府水路与苏州府至杭州府水路，前者途径震泽、南浔等丝织业重镇，后者则途径乌镇、琏市、新市、塘栖等丝织业大镇。而杭州迁路由烂溪至常州府水路是一条综合性极强的水路，其南段途径临平、石门、乌镇等丝织业大镇，北端从无锡县开始并不直接由江南运河至常州府，而是折而向北经过青旸、焦溪等棉纺织业市镇迂回向常州府前进，这同时也是一条重要的粮食贸易商路，连接众多府、县以及平望、长安一类的米业大镇。

苏松之间的一些棉业贸易商路同样承载着丝织品流通的功能，如途经丝织业繁荣的王江泾镇、嘉兴府城、嘉善县城的苏州府由嘉兴府至上海县水路，途经临平、石门且临近濮院镇的杭州府至上海县水路，以及嘉兴府经平湖县至金山卫水路。

明清时期，江南地区由于棉花、桑树等经济作物的广泛种植极大地挤压了原本属于水稻种植的农田，许多市镇成为缺粮区，需要从外地输入大量商品粮或区域内调剂。明清商书记载的江南地区商路中并没有特定的几条显示出贩运粮食的特质，但粮食作为人们日常生活中最需要的商品，在整个商品流通量中占最大比重，米粮运输实际已贯穿在每一条贩运棉纺织品和丝织品的商路中。除杭州迂路由烂溪至常州府水路以外，这些商路中还有多条其他路线途径明清时期米业大镇——平望镇与长安镇，包括苏州府由嘉兴府至上海县水路、苏州府至湖州府水路、苏州府至杭州府水路以及杭州府至上海县水路。苏松之间还有苏州府由陶桥至松江府水路、松江府由嘉善县白三荡至苏州府水路、苏州府由周庄至松江府水路，经过米业大镇甪直、同里、周庄，并临近锦溪、西塘等米业发达的市镇。

三、小结

明清时期江南地区数百个市镇因发达的水路交通和密切的贸易往来而形成一张紧密交织的网，其中太湖东部因棉花和棉纺织品频繁交易和棉业市镇的广泛分布而有更多重要的商路，太湖东南部重要商路的密度次之，但都是承载能力强的航运干道，太湖北部和东北部的重要商路密度最低，但市镇密度不低，且有密集的水网关联此区域众多规模较小的棉业市镇。棉业、蚕桑丝织业、米粮业、盐业等产业的贸易联系将江南市镇紧密地连为一体，在区域内部形成市镇与市镇、市镇与城市之间相互关联、依存的商贸网络体系，并通过这一强大的商贸网络体系源源不断地向全国各地以及海外输出具有竞争优势的商品，促成了江南地区前所未有的经济繁荣与文化昌盛。

（李新建，东南大学建筑学院，副教授。）

（杨天驰，美国哥伦比亚大学硕士，独立学者。）

〔1〕 ［明］《（正德）松江府志》卷四《风俗》，明正德七年（1512）刊本。

〔2〕 ［明］《（正德）松江府志》卷五《土产》，明正德七年（1512）刊本。

〔3〕 ［清］叶梦珠撰，来新夏校点：《阅世编》卷七《食货五》，上海古籍出版社，1981年版，第155页。

〔4〕 顾公燮撰：《消夏闲记摘抄》卷中，上海商务印书馆，1937年版。

〔5〕 ［清］《（嘉庆）珠里小志》卷一，清嘉庆二十年（1815）刊本。

〔6〕 ［明］《（万历）嘉定县志》卷七《田赋考下》，明万历刻本。

〔7〕 ［清］《（光绪）嘉定县志》卷八《风土志》，清光绪七年（1881）刻本。

〔8〕 ［明］《（嘉靖）常熟县志》卷四《食货志》，明嘉靖刻本。

〔9〕 ［清］郑光祖著：《一斑录·杂述》，中国书店，1990年版，第15页。

〔10〕 ［明］《（崇祯）太仓州志》卷十五《灾祥》，明崇祯十五年（1642）刻清康熙十七年（1678）递修本。

〔11〕 ［明］《（弘治）太仓州志》卷一《土产》，清宣统元年（1909）汇刻本。

〔12〕 上海博物馆图书资料室编：《上海碑刻资料选辑》，上海人民出版社，1980年版，第91页。

〔13〕 ［清］《（光绪）嘉兴府志》卷三十四，清光绪五年（1879）刊本。

〔14〕 ［清］《（光绪）梅里志》卷七《物产》，续修四库全书本。

〔15〕 ［清］《（光绪）嘉兴府志》卷三十三、三十四，清光绪五年（1879）刊本。

〔16〕 ［清］《（光绪）平湖县志》卷二《地理下》，清光绪十二年（1886）刊本。

〔17〕 ［清］黄印：《锡金识小录》（光绪二十二年刊本），卷一："常郡五邑，惟吾邑不种草棉，而棉布之利独盛于吾邑，为他邑所莫及。"

〔18〕 ［明］《（正德）江阴县志》卷十二《物产》，明刻本。

〔19〕 ［清］《（乾隆）吴江县志》卷三十八《风俗》，清乾隆修民国年间石印本。

〔20〕 ［清］《（乾隆）苏州府志》卷三，清乾隆十三年（1748）刻本。

〔21〕 吴江县档案馆、江苏省社会科学院经济史课题组编：《吴江蚕丝业档案资料汇编》，河海大学出版社，1989年版，第13页。

〔22〕 吴江县档案馆、江苏省社会科学院经济史课题组编：《吴江蚕丝业档案资料汇编》，河海大学出版社，1989年版，第13页。

〔23〕 ［明］徐献忠撰：《吴兴掌故集》卷十三，《四库全书存目丛书》第188册，第849页。

〔24〕 ［明］陈全之撰：《蓬窗日录》卷一《浙江》，明嘉靖四十四年（1565）刻本。

〔25〕 ［清］《（同治）湖州府志》卷三十二《舆地略》，清同治十三年（1874）刊本。

〔26〕 ［清］《（同治）湖州府志》卷三十二《舆地略》，清同治十三年（1874）刊本。

〔27〕 ［清］《（光绪）嘉兴府志》卷三十二《农桑》，清光绪五年（1879）刊本。

〔28〕 ［清］《（同治）湖州府志》卷三十一引《南浔志》.清同治十三年（1874）刊本。

〔29〕 ［清］《（光绪）桐乡县志》卷七《食货志下》，清光绪十三年（1887）刊本。

〔30〕 ［清］《（乾隆）吴江县志》卷四《疆土四》，清乾隆修民国年间石印本。

〔31〕 ［清］《（嘉庆）同里志》卷八《特产》，清嘉庆十七年（1812）刻本。

〔32〕 ［清］《（嘉庆）黎里志》卷二《形胜》，清嘉庆十年（1805）吴江徐氏孚远堂刻本。

〔33〕 ［清］《（同治）湖州府志》卷三十二引《南浔志》，清同治十三年（1874）刊本。

〔34〕 《（民国）乌青镇志》卷二十一，民国二十五年（1936）刊本。

〔35〕 樊树志：《江南市镇：传统的变革》，复旦大学出版社，2005年版，第198页。

〔36〕 这两本明代商书中所记载的商路也被许多清代商书所引用，如吴中孚的《商贾便览》、崔亭子的《路程要览》。

附

何为吴县

吴县建制，始于秦代。其时吴县范围甚广，包括今苏州全境及上海西部。不过，今天常说的吴县，大体是指太湖东岸，由漕湖、阳澄湖、澄湖所括的这片区域。从五代吴越国时期开始，这里就是一个比较稳定的地理单元，由治所同设在姑苏城内的吴县、长洲县、元和县（清代增设）管辖。至民国初年，这一区域合并为新的吴县。1928年城区划出设苏州市，1930年5月16日撤苏州市，仍并入吴县。1949年划出城区建苏州市。1995年6月撤销吴县，设吴县市（县级），2000年12月撤销吴县市，改设苏州市吴中区和相城区。

吴县是苏州府乃至整个江南地区的腹地。这里河网纵横、丘陵星布、物产丰饶。隋唐以降，江南经济兴盛、文化繁荣，无数城镇村落在此兴起。特别是建炎南渡之后，更多的士大夫来吴定居。加之舟车便利，往来方便，因此，在这里很早就产生了发达的手工业、密集的商品贸易。

吴县盛产金砖、湖石，又多有"香山帮"等工匠团体，水准精湛。庞大的士人群体，带来了文人化的审美，不事铺张，不重奢华，而是追求内敛、自然、雅致、宜居。山水交错的复杂地形，促使设计者思考因地制宜的适应性设计。而以小家族、大家庭为主的聚居模式，让以"堂"为名的中型宅院，成为吴县居住建筑的主流。另外，发达的交通网络，也需要实用、耐久的道路、桥梁、驳岸、码头等基础设施。以上种种，都为吴县的风物，赋予了一种精致、矜持、宜人、历久弥新的气质。

第一章

自得
我的厅堂

世间乐土

江南生活风景

吴县厅堂内外，精妙的细节数不胜数。这些细微处的匠心，大多是有目的的设计，少有虚浮的装饰。简单几笔，塑造出明与暗、内与外、精与粗的比例。

吴县厅堂的设计，蕴藏在门户之内，不铺张、不外显，不为向外人展示，而是作为日常生活的一部分，以此自娱。

在这个意义上，吴县的厅堂超越了尊卑等级的窠臼，展现出一种『审美的自觉』。追求舒适、宜居、调和的生活状态，成为吴县文物在微观层面上最大的特点。

凝德堂正厅剖面

一座典型的明清民居正厅剖面

凝德堂位于翁巷，是明代晚期建筑。该堂坐北朝南，临巷而建。宅前东西两端分别设有巷门，现存单体建筑有门屋、仪门、正厅，占地 1050 平方米。门屋四架抬梁，不失明代风格。仪门带有官式做法，形似木构牌坊。仪门满施彩绘，色彩淡雅，箍头用晕，图案黑线勾勒，丰富多彩。正厅是该宅的主体建筑，面阔三间、进深七檩，屋面平缓，木构有明代风韵。该堂现存彩画多达 88 幅，其中正厅 61 幅，仪门 18 幅，门厅 9 幅。这些彩画线条流畅、色调素雅、图案灵活，布局上下贯通、线路整齐、配置均衡，且其锦纹可与《营造法式》印证，因此，素有"江南民居彩画第一"之称。

扫码观赏数字江南

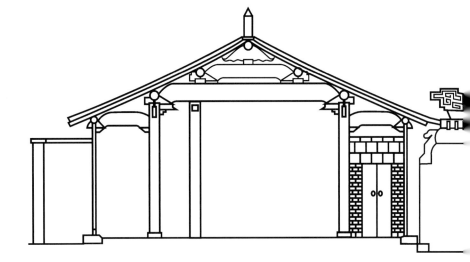

凝德堂剖面

（改绘自苏州市吴中区文物管理委员会办公室编著：《吴中文物：古镇、古村、古建筑》，上海科学技术出版社，2017年4月第一版，第96页。）

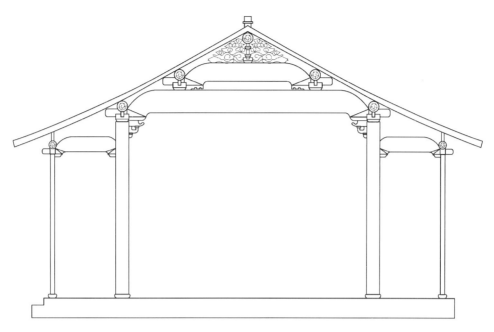

凝德堂正厅剖面

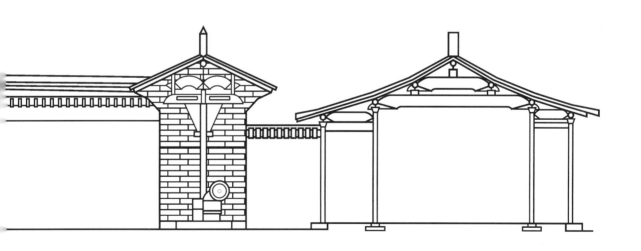

凝德堂俯瞰

凝德堂仪门

凝德堂正厅梁架彩画

凝德堂仪门

凝德堂正厅梁架

凝德堂正厅

凝德堂正厅樟木

砖雕 屋脊 瓦作

等待候鸟

屋顶顶端一线，称为"屋脊"。

吴地厅堂建筑的屋脊，有两种做法：一种是用砖、瓦、泥、灰做出一个突出朝上的正脊；一种则不做突出的正脊，而是在交界处形成一个圆弧形，称为"回顶"（也就是北方所说的"卷棚顶"）。

凡是采用正脊的建筑，首先要在屋顶两面瓦相交接的位置，用瓦和灰浆铺出一个顶面，从而在上面铺设更复杂的正脊结构，这就是"攀脊"。无论正脊做成什么样式，攀脊首先要做到粉刷平整，不然就有雨水渗漏的风险。做好攀脊之后，就可以在上面安设各种各样的屋脊了。最简单的做法是用瓦在攀脊上面斜向平铺一层，称为"游脊"。这种做法"不宜用于正房"，而是用于附属建筑或者围墙的屋脊。稍高级一些的做法是用瓦在攀脊上面竖立着平铺，称为"筑脊"。这样做出来的屋脊，从侧面看起来像是一把梳子，显得正式一些。有时，筑脊的下面，还会加设滚筒。

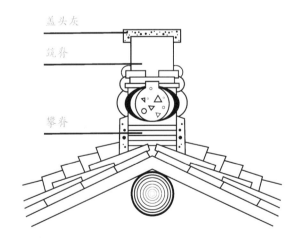

盖头灰

筑脊

攀脊

屋脊剖面图

（改绘自侯洪德、侯肖琪著：《图解〈营造法原〉做法》，中国建筑工业出版社，2014年7月第一版，第233页。）

无论是游脊还是筑脊，都是从左右两端向中间铺瓦的，所以在正脊的中间位置，能看到两队瓦会合的细节，称为"龙腰"。更复杂的屋脊，在攀脊上还要安装滚筒、瓦条、花筒、盖筒的复杂组合，称为"花筒脊"。这种屋脊，往往只有高等级的宅第、寺院才能用得上。

上面所说的，都是屋脊的主体部分（称为"脊身"）的铺设方法。不过，建筑的屋脊，在形象上最引人注目的地方，却是屋脊两端的出头。

最简单的做法是在筑脊的两端粉刷出回纹装饰，称为"甘蔗脊"。稍高级的做法是用铁板（称为"铁扁担"）挑出上弯的曲线，而筑脊亦随之上弯，如同月牙，这就是"雌毛脊"。为了承托铁扁担，在它的下面还要用瓦垫出一些，称为"钩子头"，也叫"螳螂肚"。如果把铁扁担和雌毛去掉，换成纹头装饰，那么就称为"纹头脊"。

较复杂的筑脊做法是在加设滚筒的同时，在脊头安装鸟形的泥塑，这就是"哺鸡脊"。哺鸡的身后安装铁片，顺鸡背而上，做出类似雌毛脊形象的鸡尾。哺鸡有开口、闭口之分，还有鸡头插铁花的做法（称为"铁秀花哺鸡"）。更高级的泥塑脊头，则是"哺龙"。"哺龙脊"的脊身是花筒脊的形式，往往做成"亮暗花筒段"。"亮花筒"是指用筒瓦排列组成定胜、金钱之类的图案，"暗花筒"则是用青砖砌筑的束塞，两种花筒交替排列。

"哺龙""哺鸡"都需要在瓦条上安装"坐盘砖"来承托。这些动物形象，有现场手工灰塑的，也有使用窑货的。至于高等级的宫殿、寺观建筑的正脊，脊头一般采用龙吻、鱼龙吻，脊身也豪华富丽得多，这里就不赘述了。

吴地的屋脊富有曲线之美，例如雌毛、鸡尾，都做出上翘的弧线，脊身中间位置，也要做得"微凹而有致"。这些曲线的弧度，没有一定之规，端靠匠人的经验和审美来"自由酌定"。不过，有一个不能逾越的规则，就是无论脊头做成什么样式，都不能超出攀脊的两端（称为"嫩瓦头"）。

在屋脊中央的龙腰位置，有时会做一些灰塑的装饰，例如人物、走兽、神仙、天王，做出福禄寿星、八仙过海、麒麟送子之类的吉祥图案，称为"腰花"，一般要由水作工匠中技艺最高超的师父负责。

再来说回顶。回顶顶端柔美的曲线，是通过一种特殊的瓦来实现的，那就是"黄瓜环瓦"，又分为凸曲面的"黄瓜环盖瓦"和马鞍曲面的"黄瓜环底瓦"两种。它们扣在回顶的顶端，让两侧屋面盖、底瓦形成的波浪形的曲线能够互相吻合。

在色彩上，吴地的屋脊是一片纯粹的灰色，没有五光十色的琉璃釉面作为点缀；在装饰上，吴地的屋脊也显得简约、朴素，远没有闽越地区那么华丽丰富。即使是较高等级的宅邸屋脊，也无非是用砖、瓦、灰之类的材料组合拼凑而成。但如此简朴的屋脊，却每每在它的尽端，伸展出克制却无比温柔的曲线。不同种类的屋脊组合在一起，各有微妙的不同，但在形象上却是协调的、融洽的。从高处俯瞰吴门，屋脊渐次排开，如江面舟船齐发，令人动容。

惠和堂　纹头脊

凝德堂　哺龙脊

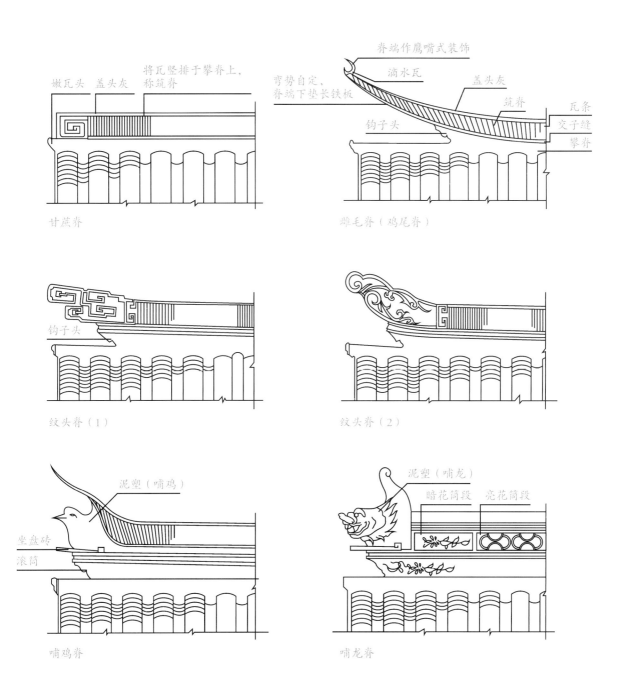

甘蔗脊

雌毛脊（鸡尾脊）

嫩瓦头　盖头灰　将瓦竖排于攀脊上，称筑脊

脊端作鹰嘴式装饰

弯势自定，脊端下垫长铁板

滴水瓦　盖头灰　筑脊

钩子头

瓦条　交子缝　攀脊

纹头脊（1）

钩子头

纹头脊（2）

哺鸡脊

泥塑（哺鸡）

坐盘砖

滚筒

哺龙脊

泥塑（哺龙）

暗花筒段　亮花筒段

各式屋脊

（改绘自祝纪楠编著：《〈营造法原〉诠释》，中国建筑工业出版社，2012年10月第一版，第231—235页。）

春在楼　各式屋脊

凝德堂　雌毛脊

怀荫堂　雌毛脊　甘蔗脊

瞻瑞堂　纹头脊

叶圣陶纪念馆　哺鸡脊

叶圣陶纪念馆　纹头脊

明善堂　哺鸡脊　纹头脊

黄氏宗祠　哺鸡脊

保圣寺　哺龙脊

風火山墙　观音兜

防火

宅院的空间，可以分为厅堂和院落两部分。吴地的住宅，普遍采用硬山顶。换言之，厅堂的左右两侧都以砖墙遮蔽，称作"山墙"。厅堂和厅堂之间的空间就是"院落"。院落的左右边界，除了用廊以外，主要也是用墙来围合，称为"垣墙"或者"院墙"。从建筑的外部看，山墙与院墙连为一体，形成平整的立面。墙的上缘就如同一道波浪，山墙为其波峰，而院墙为其低谷。吴门的巷陌，就夹在这些起伏的波浪之间。

山墙最普遍的形式，是沿着屋脊、屋面的曲线，自然地造成三角形。太湖沿岸的民居，往往还会在靠近屋顶的位置，多用砖雕砌出一道人字形的装饰，顶宽而底窄，如燕之两翼。这种造型，源自"博风板"——它是更高等级建筑的山面上安装的、用于遮蔽檩头的木板。

传统建筑，屋脊、屋面之下就是木质的檩。檩又与其他梁柱相连。在吴地，越是靠近村镇中心，住宅密度就越高，远远看去，每家每户的厅堂几乎连成一片，因此不得不考虑防火、隔火的方法。于是，有些厅堂会将紧靠邻宅的两侧山墙中央部分加高，使其能够遮挡住屋脊，并且在山墙上也一样盖瓦甚至筑脊。这样，一旦发生火灾，山墙加高的部分就能阻隔火源，防止大火蔓延。因为这个作用，所以俗称为"封火墙"（也作风火墙）。

这种封火墙，较传统的做法，是将山面正中央砌筑得高一些，再向两边缓和地过渡，最终与屋面融为一体，形成一个柔和的曲线；如同观音菩萨身上盖了一块布，头和肩膀都遮在布下，以故民间把它称为"观音兜"。

不同建筑场地的实际需求不同，因此，不同的观音兜遮蔽屋面的程度也各不相同。最常见的做法是：只在中央位置略作隆起，形成一个高约 3 尺的弧线，将将能够遮蔽正脊，称为"半观音兜"。网师园著名的大山墙，即连用两面半观音兜，组成一道柔美的天际线。较气派的做法，则是自屋檐位置即开始隆起，直至屋脊以上 4 尺，形成一个完全高出屋面的大弧线；更有甚者，自檐口位置，已先垫高一层（称为垛头），再起弧线。这两种做法就称为"全观音兜"，防火的效果更好，而造价也自然更高。

大约从清代开始，吴地出现了一种新的山面做法，其造型是在屋面上方，砌出形如阶梯的曲尺形的山墙。这种做法，大概是东进的徽商带来的；在徽州地区，因其两角如同马头，被称为"马头墙"。

为何判断马头墙是清代由徽州引进的呢？因为在地域分布上，城区较多，而乡镇较少；时代分布上，清初较少，而自清中期后渐多。徐扬作《姑苏繁华图》，已是乾隆时代，然而图上所见，木渎镇里，马头墙只有二三处；葑、盘、胥诸门外，也只有零星几处，多是些售卖南北杂货的店铺；进了阊门，才能在阊门大街（今天的西中市大街）两侧，看到连片的马头墙，无论绸缎行、皮货行、帽行、布行、纱行……皆用此制；而且我们知道，当时阊门内外的绸布、服装生意，正是徽商的天下。不仅如此，只有主干道两侧见到马头墙，边上的巷弄里，还是只有传统做法的山墙。可见，苏州的马头墙，应是自徽州引进的、后起的做法。

徽州正宗的马头墙，往往以其中央、最高的一级"台阶"最为宽阔，甚至可超过其他各级宽度之和，高大气派。然而，这种做法并不适合吴地；因为吴地近海，夏季台风盛行，这种宽阔的大墙受力面积大，容易坍塌。所以，吴地的马头墙往往把中央一级缩窄，而将两侧各级"台阶"伸长，使其坡度均匀，有如锯齿。这种经过改造的马头墙称为"屏风墙"。依据台阶数量的不同，有"三山屏风""五山屏风"两种。吴地的做法，屏风墙的中间一级，宽度一般只有其他各级的 1.5 倍。

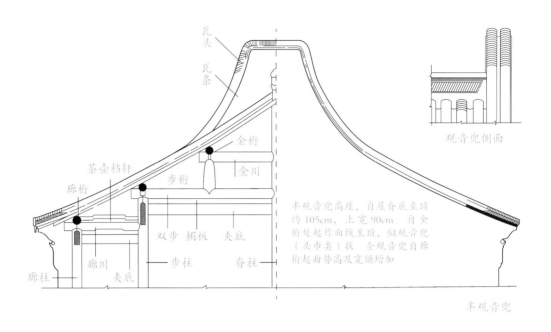

观音兜侧面

茶壶档轩　　全桁
步桁　　全川
廊桁
双步　楣板　夹底
廊川　步柱
廊柱　　　　　脊柱
瓦头
瓦条

半观音兜高度，自屋脊底至顶约 105cm，上宽 90cm　自全桁处起作曲线至顶，似观音兜（头巾类）扶　全观音兜自廊桁起曲势高及宽须增加

半观音兜

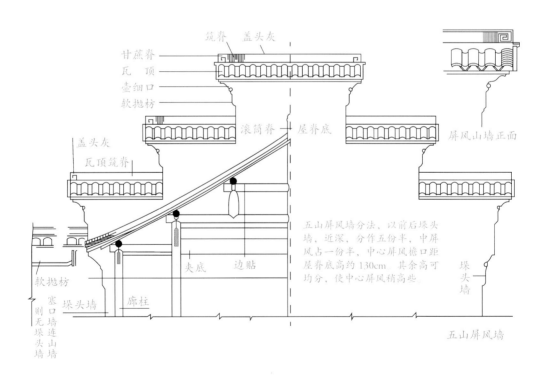

屏风山墙正面

甘蔗脊
瓦　顶
壶细口
软抛枋
盖头灰
瓦顶筑脊
软抛枋
塞口墙连山墙　则无垛头墙
垛头墙　廊柱

筑脊　盖头灰
滚筒脊　屋脊底
夹底　边贴
垛头墙

五山屏风墙分法，以前后垛头墙，近深，分作五份半，中屏风占一份半，中心屏风檐口距屋脊底高约 130cm，其余高可均分，使中心屏风稍高些

五山屏风墙

半观音兜与五山屏风墙

（改绘自祝纪楠编著：《〈营造法原〉诠释》，中国建筑工业出版社，2012年10月第一版，第197页。）

黄氏宗祠观音兜

叶圣陶纪念馆观音兜

屏风墙高于屋顶，除了防火以外，有时还有藏富的妙用。东山镇春在楼的主体，由前后两个楼厅组成，都用屏风墙遮蔽，从外面看，规模、造型差不多；甚至在院落里，乍看之下也没有太大区别。其实，前楼厅只有两层，而后楼厅则有三层——其中第三层是在二层的正脊位置部分加高而成的阁楼。据说，这里原是宅主的暗室，因其设计隐蔽，不易察觉，居然躲过太湖强盗的三次抢劫。

从马头墙到屏风墙的调整，已经是一次为了增强防风性能而做出的改进。然而山墙毕竟是砖砌的，而屋架主体则是木构，两者之间的结合，始终无法做到完全稳固。为此，吴地还采取了很多避免山墙坍塌的措施。例如在靠墙的柱梁上，会安装"铁栓""蚂蝗攀"，穿过墙体，攀贴在外墙上，把梁柱和墙体钉在一起。现在，在吴地民居的外墙上，还常能看到这种铁栓。

另外，山墙本身也会采取一些加强措施。例如，墙体内侧需多放出中心线一寸，以加大与墙柱的接触面，称为"咬中一寸"；墙体外侧，愈靠下则愈厚，愈靠上则愈薄，依制每高一丈，收进一寸，称为"收水"；最后，墙体底部，往往还有突出、增厚的"勒脚"。在一些山村中，还能看到用石块砌筑的墙脚，这是为了避免洪涝冲击而做的加固措施。

山墙的位置和造型，需要顺应厅堂本身的结构。两山往往需要严格平行，并与厅堂的开间形成直角。但是，吴地建筑密集，一座宅院的场地往往不是规整的矩形，"世人兴造，因基之偏侧，任而造之"[1]。明代吴地的造园家计成主张，应当尽量迁就厅堂的方正，而为此可以略微牺牲院落的方正："以墙取头阔、头狭，就屋之端正。"[2] 于是，院墙的朝向，有时相对就会随意一些。

山墙只有一面朝向室外，而院墙两面均暴露在外。如果墙的两侧都在本宅院的范围内，那么往往会在墙上开设漏窗；这样既能采光、通风，又能借景。计成总结了十六种漏窗的样式，例如连钱、叠锭、鱼鳞等。不过，他同时指出，当时有些住宅在院墙上雕镂太盛，容易让鸟雀筑巢、杂草堆积，"积草如萝，祛之不尽，

沈柏寒旧居　风火山墙

春在楼　风火山墙（1）

春在楼　风火山墙（2）

扣之则废，无可奈何"[3]，反而有碍观瞻，所以在外墙上开窗，需要"慎之"。

不过，在吴地，多路多进的大宅总是少数，"院墙两侧都是我家"的情况并不多见。大部分时候，院墙只有一侧面向宅院，另一侧则面向外面的街巷。这时，开设漏窗就无法满足隐私需求了。既然不能开窗，那么一大片空白的墙面，应当如何装饰呢？

古人有画壁、题壁的传统，用山水、花鸟、诗句来装饰墙壁。但是，吴中的文人，却并不赞成这种做法。文震亨说："忌墙角画各色花鸟。古人最重题壁，今即使顾、陆点染，钟、王濡笔，俱不如素壁为佳。"[4]认为什么大师的书画，都比不上一片空白的墙面。李渔也说："书房之壁，最宜潇洒。欲其潇洒，切忌油漆。油、漆二物，俗物也。""至于泥墙土壁，贫富皆宜，极有萧疏雅淡之致。"吴人看重白墙、青瓦、木质门窗的自然色彩，认为墙面只要用纸筋、石灰浆抹平就足够了。即使是富贵人家，也不用壁画装饰，而是在墙头、墙脚用砖雕和堆塑来略作勾勒；这就与好用壁画的两浙地区形成了反差。

不过，这种苏式的粉墙，外观看起来很简约，施工起来却并不简单。计成说，历来白粉墙，都是用纸筋、石灰浆砌筑的。但是人们为了追求墙面的光洁，有时还会用白蜡来抛光；或者先用黄沙石灰浆打底，再抹一层石灰浆，用麻帚细细揉平，结果能使墙面光可鉴人，称为"镜面墙"，而且就算墙面脏了，还可以用水洗净。当然，这么奢华的白墙还是少数。多数普通宅院里的墙，就是普通的石灰表面而已。但即使是这种最普通的材质，在经历数百年风雨的洗涤后，也能呈现青云出岫般的斑驳纹理。

另一方面，吴门文人反对题壁、画壁，但这并不意味着墙面必须完全留白，毫无装饰。相反，造园家常常依据墙的位置、规模，栽种花草树木，造成"围墙隐约于萝间，架屋蜿蜒于木末"的景观。程羽文笔下的"阶畔有花，花欲鲜；花外有墙，墙欲低；墙内有松，松欲古"，描绘的正是院墙与植物自然结合的景致。

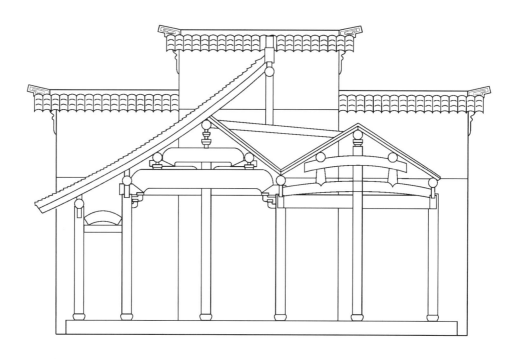

惠和堂　三山屏风墙结构示意图

　　墙边栽花植树，需要考虑色彩、香气、位置。色彩浓深者，宜栽植于粉墙旁；色彩淡雅者，宜栽培于绿丛或山石前。桂花、玉兰、蜡梅等有香气的植物，适合用花墙稍做围合，从而使芳香汇聚。杏花适合种在屋角墙根，石榴适合种植在粉墙绿窗前。"梧阴匝地，槐荫当庭……栽梅绕屋，结茅竹里"（计成），都是在建筑间配置植物的心得。再如，若是院墙较高，就可以在墙阴处栽培耐寒、耐荫的植物，如女贞、棕、竹等，这样，秋冬时节，园中树木就不至于干枯无物。

计成说:"月隐清微,屋绕梅余种竹;似多幽趣,更入深情。"凡是院落内的花木景观,都不只是纯粹的园艺创作,而是要服务于分割和充实空间的需求。"大中见小者,散漫处植易长之竹,编易茂之梅以屏之;小中见大者,窄院之墙宜凹凸其形,饰以绿色,引以藤蔓,嵌大石,凿字作碑记形,推窗如临石壁,便觉峻峭无穷。"(沈复,《浮生六记》)

计成曾写道:"墙中嵌理壁岩,或顶植卉木垂萝,似有深境也。"同时代的张南垣也说:"错之以石,棋置其间,缭以短垣,翳以密枝,若似乎奇峰绝嶂,累累乎墙外。"可见当时已将墙体、叠石与花木相互交错、镶嵌,作为营造幽深气氛的手段。

上面说的,都是吴地民居如何装饰自家内侧的院墙。不过,吴人砌墙,并非只顾自己欣赏,还颇为外人着想。例如,每逢狭窄的转弯处,往往会将墙体下部向内退缩一点,用抹斜的条石支撑,或者用砖头砌出弧度,形成所谓"天方地圆"的造型。这样,两侧往来的人流、车马可以提前互相看见,减少碰撞。这种做法,原先北京的胡同里也常能见到,称为"拐弯抹角",可惜随着旧城改造的进程,已经大多湮灭了。

〔1〕　[明]计成:《园冶》,重庆出版社,2017年5月第二版,第149页。
〔2〕　同上。
〔3〕　同上。
〔4〕　[明]文震亨、屠隆:《中国艺术文献丛刊:长物志·考槃余事》,浙江人民美术出版社,2011年12月第一版,第30页。

与普通平房相比，厅堂的檐口较之为高，而且进深也较之为深，其内四界（"界"是指对相邻桁的间距）前均有轩，故厅堂的规模大，结构也复杂，装修更为华丽。厅与堂的区分，是根据内四界的构造用料而定的，用扁方料者谓之厅，用圆料者则称为"堂"，故又称"圆堂"。因为厅与堂的用途与规模都相似，所以习惯上将其合称为"厅堂"。

吴县民居的木梁架称"贴"，梁架的组合形式称"贴式"，位于明间的梁架称"正贴"，位于次间山墙的梁架称"边贴"。厅堂就其贴式构造之不同，可分为下列形式：扁作厅、圆堂、贡式厅、鸳鸯厅、花篮厅、满轩厅堂等。

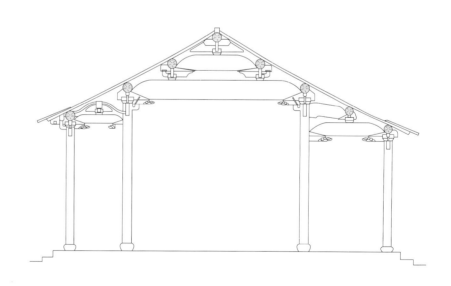

扁作厅正贴式

（改绘自《图解〈营造法原〉做法》，侯洪德、侯肖琪著，中国建筑工业出版社，2014年7月第一版，50页。）

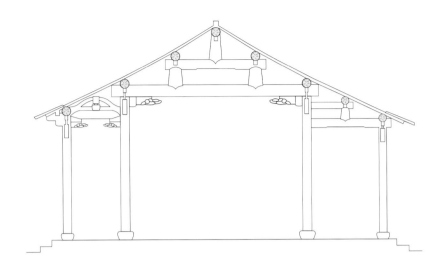

圆堂正贴式

（改绘自侯洪德、侯肖琪著：《图解〈营造法原〉做法》，中国建筑工业出版社，2014年7月第一版，第68页。）

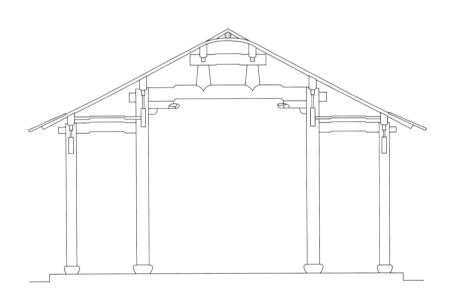

贡式厅正贴式

（改绘自侯洪德、侯肖琪著：《图解〈营造法原〉做法》，中国建筑工业出版社，2014年7月第一版，第73页。）

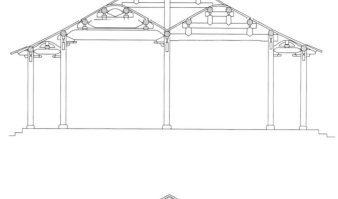

鸳鸯厅正贴式

（改绘自侯洪德、侯肖琪著：《图解〈营造
法原〉做法》，中国建筑工业出版社，2014
年7月第一版，第74页。）

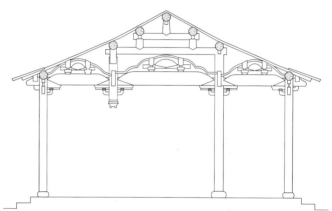

花篮厅正贴式

（改绘自侯洪德、侯肖琪著：《图解〈营造
法原〉做法》，中国建筑工业出版社，2014
年7月第一版，第75页。）

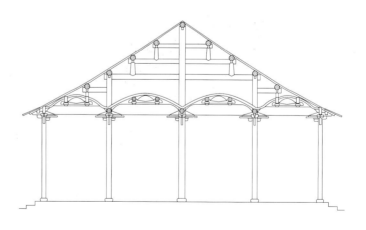

满轩厅堂正贴式

（改绘自侯洪德、侯肖琪著：《图解〈营造
法原〉做法》，中国建筑工业出版社，2014
年7月第一版，第77页。）

严家花园　扁作厅

王韬纪念馆　圆堂

瞻瑞堂　贡式厅

礼合堂　花篮厅

虹饮山房　鸳鸯灯

轩架 徘徊

"轩"是厅堂内的一种屋架形式，同时也是一种天花形式。天花，用现代说法，就是吊顶。所不同的是，吊顶与房屋的结合，主要采用的是"吊"。吊顶可在房屋完工后进行，而轩与房屋的结合，采用的是"架"，即轩的结构安装必须与房屋建造同步进行。自下仰视，其前后对称，表里整齐，高爽精致，是南方古建筑特有的一种形式。

轩大都用在较大住宅的厅堂中，形式别致。轩根据椽子形状的不同有茶壶档轩、弓形轩、船篷轩、鹤胫轩、菱角轩、海棠轩等形式。茶壶档轩和弓形轩形式简单，茶壶档轩是将椽子中部高起一定的厚度，底部呈茶壶底形；弓形轩是将轩梁和椽子上弯呈弓形。这两种轩的进深较小，多用于廊轩。一枝香轩是在轩梁中部置斗，斗上搁轩桁，椽弯曲成鹤胫形或菱角形；一枝香轩多用于较大的厅堂的廊轩。船篷轩、菱角轩、鹤胫轩均为三界。这三种轩都用于内轩。除茶壶档轩和圆料船篷轩的轩梁为圆料外，其他轩梁均为扁作。

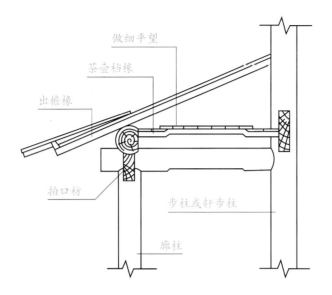

做细平望
茶壶档橼
出檐橼
拍口枋
步柱或轩步柱
廊柱

茶壶档轩

（改绘自侯洪德、侯肖琪著：《图解〈营造法原〉做法》、中国建筑工业出版社，2014年7月第一版、第83页。）

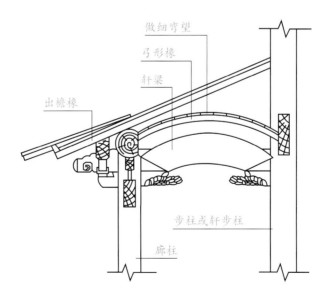

做细弯望
弓形橼
轩梁
出檐橼
步柱或轩步柱
廊柱

弓形轩

（改绘自侯洪德、侯肖琪著：《图解〈营造法原〉做法》、中国建筑工业出版社，2014年7月第一版、第83页。）

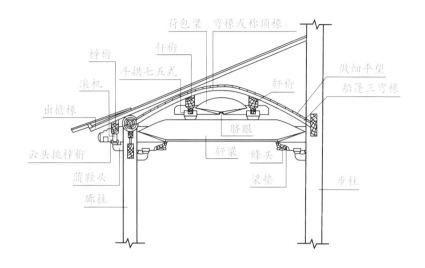

船篷轩

（改绘自侯洪德、侯肖琪著：《图解〈营造法原〉做法》，中国建筑工业出版社，2014年7月第一版，第84页。）

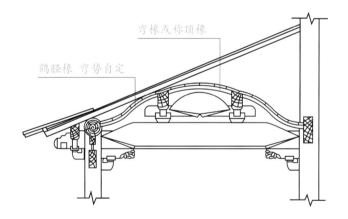

鹤胫轩

（改绘自侯洪德、侯肖琪著：《图解〈营造法原〉做法》，中国建筑工业出版社，2014年7月第一版，第84页。）

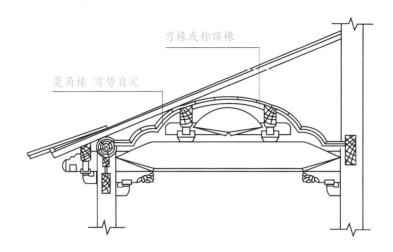

菱角轩

（改绘自侯洪德、侯肖琪著：《图解〈营造法原〉做法》，中国建筑工业出版社，2014年7月第一版，第84页。）

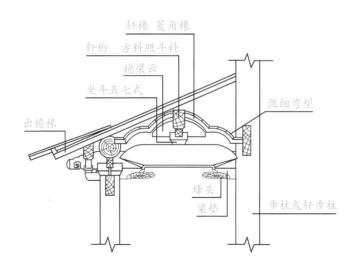

一支香菱角轩

（改绘自侯洪德、侯肖琪著：《图解〈营造法原〉做法》，中国建筑工业出版社，2014年7月第一版，第84页。）

黄氏宗祠　茶壶档轩

榆耕堂　弓形轩

春在楼　菱角轩

惠和堂　鹤胫轩

榜眼府第　船篷轩

雕梁

枫拱　山雾云　抱梁云　水浪机　花机

月梁　腮嘴　梁垫　蜂头　蒲鞋头　棹木　纱帽厅

　　吴地厅堂的大梁通常会做成"月梁"形，它的两端是向下弯曲的。因此，为了大梁在柱头安装牢固，会在梁下多垫出一份木材，伸长到月梁的内曲线位置（这里做尖角突出，称为"腮嘴"），这块木材就称为"梁垫"。梁垫出头的位置，一般做成如意卷纹。有时，也会把梁垫增长，在上面雕出金兰、佛手、牡丹等装饰，这就是"蜂头"。

　　梁垫和柱头、大梁都通过榫卯连接在一起，所以梁垫在结构上相当于一个斜撑——它能够传递一部分大梁的荷载，增大受力的面积。为了加强这个功能，有时还会在梁垫的下面，再增加一个插在杜了上的"小拱"来承扎着梁垫，称为"蒲鞋头"。这个小拱实际上可以看作一块更短的、梁垫性质的木块，只不过在它的内侧浮雕出了拱的形状。

　　蒲鞋头和梁垫从柱头出发，一层一层地伸展承托着梁头，使人感觉非常稳固、可靠。然而，如果只是从结构力学角度来看，把这组复杂的构件换成一块三角形的木板，在效果上似乎并没有什么差别。可见，它们最突出的作用，恐怕不是在结构上增加稳定性，而是在装饰上——它们是木匠竞逐手艺、宅主展示财力和品位的舞台。

　　正因如此，有的厅堂还会在蒲鞋头上安装一个对称的、类似于古代官员帽翅的木板，向外倾斜，称为"棹木"。这一构件完全没有结构上的作用（甚至徒增重量），但它的装饰却异常丰富，一般会用高浮雕镌刻出山水、人物故事等图案。

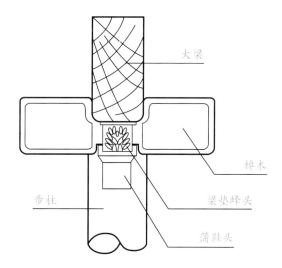

大梁

椁木

步柱

梁垫蜂头

蒲鞋头

椁木安装立面图

（改绘自侯洪德、侯肖琪著：《图解〈营造法原〉做法》，中国建筑工业出版社，2014年7月第一版，第55页。）

  在梁头设置蒲鞋头，并且安装精致复杂的椁木，是豪华厅堂的显著特征，吴人一般把这种厅堂称为"纱帽厅"。东山的明代建筑久大堂、明善堂，都是纱帽厅的典范。

  与椁木类似，在吴地一些建筑的外檐斗拱上，也会安装类似于帽翅的、对称外倾的木板，称为"枫拱"，雕镂"流空花卉，颇具风趣"。

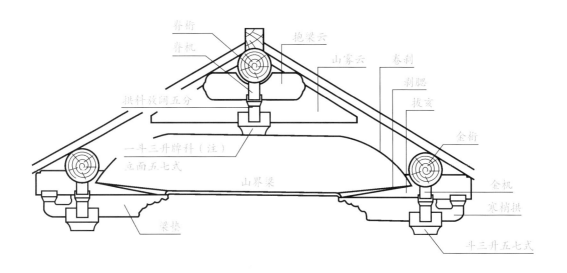

山界梁各构件名称与位置

(改绘自侯洪德、侯肖琪著：《图解〈营造法原〉做法》，中国建筑工业出版社，2014年7月第一版，第56页。)

　　此外，在厅堂内部左右侧墙的顶端（称为"山脊"）也会在斗拱上面安装对称外倾的木板，顺着屋顶的角度，形成一个三角形，称为"山雾云"。山雾云上一般透雕"流云"，云上"飞鹤"盘桓。也有些建筑别出心裁，例如明代的东山念勤堂（楠木厅），山雾云和承托它的斗，都做成荷叶如簇的形象，宛如水在天中、芙蓉出墙。

　　在山雾云外侧，有时还会在斗拱的尽头（称为"拱端"）安装较小的对称外倾的木板，它们就像是捧着脊桁一样，所以称为"抱梁云"。

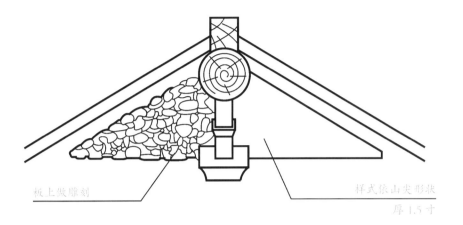

板上做雕刻

样式依山尖形状
厚 1.5 寸

山雾云

（改绘自侯洪德、侯肖琪著：《图解〈营造法原〉做法》，中国建筑工业出版社，2014年7月第一版，第56页。）

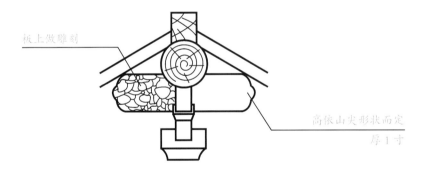

板上做雕刻

高依山尖形状而定
厚 1 寸

抱梁云

（改绘自侯洪德、侯肖琪著：《图解〈营造法原〉做法》，中国建筑工业出版社，2014年7月第一版，第56页。）

扫码观赏数字江南

古松园　山雾云　　　　　　　　　　　遂高堂　山雾云

水浪机详图

(改绘自侯洪德、侯肖琪著：《图解〈营造法原〉做法》，中国建筑工业出版社，2014年7月第一版，第8页。)

　　棹木、枫拱、山雾云、抱梁云，需要先由匠人画出图纸（称为"大样"），再"由花作雕刻"而成。它们安装在梁架上时，都会向下（向外）倾斜一些，这个倾角被称为"泼水"，也叫"泼势"。泼水并不固定，一般比例是2∶1。做出这种倾斜，是为了让屋宇下的人们更好地欣赏这些木雕。所以吴地的建筑手册《营造法原》鼓励匠人们"审度形式，予以变更之"，让这些精美的雕刻以最好的角度被人欣赏。

明善堂　山雾云　　　　　　　　　　　　明善堂　樟木

　　正如梁的下面有梁垫一样，在桁的下面也常会承托一个用于增加受力面积的构件，称为"机"。由于桁一般是圆柱体，截面积也没有梁那么大，所以机一般是个窄长的木条。机一般透雕做水浪或者花草的形象，称为"水浪机"或者"花机"；另外还有"蝠云机""金钱如意机"等形式。

　　以上所说的种种雕饰，大多出现在柱承梁、梁承桁的节点位置。但这些坚固、复杂的受力结构，经吴地匠人因势象形，赋以神采，竟变得柔和、温润，如丝绸般绵软。所雕刻的，并不是什么富丽奢华的图案，也很少漆金、傅彩，无非是些寻常的自然景象，诸如花木鸟兽之类。但它们的出现，让整座梁架有了一种灵动的质感：梁下，流水微澜，水草丛生；梁上，荷叶待放，花卉留空；而花叶之上，祥云弥漫，野鹤徘徊。万物穿插在屋宇之间，屋顶好像并不存在，梁架之上，就是别一处天空。

古松园　梓木

遂高堂　梓木

　　　世间乐土：江南日常生活风景

第二章

自适
我的宅院

世间乐土
江南生活风景

一座厅堂，一方天井，组成一「进」；逐进相连，形成一「路」；诸路罗列，合成「宅院」。宅院是吴县居住建筑的基本单元，往往以其正厅的堂名命名。

吴县的宅院，鲜有恢宏的规模、奢华的雕饰、森严的等级，但其对于「分寸感」的把握，无与伦比。依凭地形，剪裁空间，通过明暗、宽狭、疏密、缓急的变化，营造出动人心弦的节奏感。

公共与私密、正式与休闲、宽敞与紧凑，种种空间，各得其所；其样式与布局，依功能而转变。植物、园景、穿插在宅院之中。穿堂、蟹眼，提供了自然的观景视角。

吴县的宅院，不是为一人一时而设计的，而是为许许多多的人，为长长久久的时光而设计的。朝晖夕阴，春夏秋冬，物候不同，住宅的容颜亦随之流转。但每时每刻，总有宜人的细节，流露出对居住者的关怀。通过巧妙的布局，宅中每一个人都能保有适当的隐私，人们相遇，而不相扰。

惠和堂，位于东山镇陆巷村文宁巷内。建于清道光二十六年（1846），是东山望族叶氏后裔叶是京建造的一处大型宅第。

宅院坐北面南，四周高墙环围，是一处封闭式的群体民居建筑。宅院规模宏大，保存完整，占地5000多平方米，建筑面积3000多平方米。单体建筑可分为东、中、西三路。中路是正落，依次有门厅、轿厅、大厅、前住楼、后住楼；西路有客房、花厅、书楼及附房；东路有门第、仆房、账房、东小楼及下房。三路单体建筑之间有东西备弄相通，每进单体建筑之间有庭院、天井相隔，形成独立的建筑单元。[1]

[1]　节选自苏州市吴中区文物管理委员会办公室编著：《吴中文物：古镇、古村、古建筑》，上海科学技术出版社，2017年4月版，第182页

惠和堂中路剖面

一座典型的明清民居中路剖面

扫码观赏数字江南

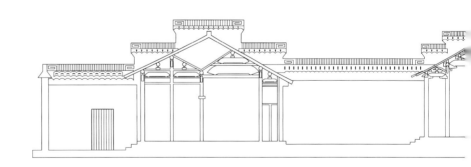

惠和堂中路剖面图

惠和堂俯瞰

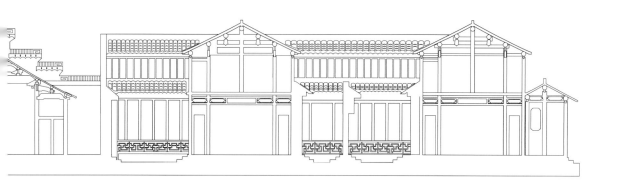

忠和堂总平面图

（改绘自苏州市吴中区文物管理委员会办公室编著：《吴中文物：古镇、古村、古建筑》，上海科学技术出版社，2017年4月第一版，第182页。）

后花园　西花园　忠和堂西路　轿厅　大厅　忠和堂中路　前住楼　后住楼　忠和堂东路

天井应该有多深

天井是指宅院中房与房之间或房与围墙之间所围成的露天空地。

在吴县的大中型民居中，"庭"与"院"是重要的组成部分，既能满足功能上的需要，也能使空间环境形成极为丰富的变化。庭院与建筑的组合是苏州民居建筑处理手法的精华所在：从空间虚实变化的角度来看，向上敞开的庭院空间成其"虚"；从功能的角度来看，庭院可以起到采光、通风和排水的作用。庭大多进深较浅，与建筑物的高度比在1∶1左右，结合建筑物的围廊、挑檐，使得整个住宅内部的交通面积减小，节省用地的同时避免了夏季阳光直射，冬季借助檐部的起翘又能保证室内有一定的光照。与园林相比，庭中的绿化一般比较简洁典雅，不致形成空间上的堵塞。庭的另一个名称是"天井"，这形象地说明了它是一种比较狭窄的院内空间。院的进深一般是庭的两倍左右，功能从采光通风扩展到吟诗作赋、弹琴下棋、观赏游憩，有些还设有假山、亭、花木，以及其他建筑小品，从而更加丰富多变。另外，院墙之间的小天井（蟹眼天井），也可以视作庭院的变体。在吴县民居中，庭院里的绿植和明亮的天光组成了欢快而有活力的色彩，与建筑物内部安宁、温暖、肃穆的色调形成互补。不仅如此，庭院的穿插使民居内部空间变化无穷。此外，庭院在调节气温、组成通风方面也颇有作用。

萧宅　天井

忠和堂　天井

怀荫堂　天井

砖雕门楼

回望

"砖雕门楼"，是吴中宅院的精华部分，是最醒目、最独树一帜，同时也最为矛盾的部分。它的色彩，完全是素淡的灰砖黛瓦；但它的雕镂镌刻却极尽华丽、细致入微。它的视觉焦点不在雕刻，而在其榜书文字。它的文字，往往是四字格言，凝练宅主平生志业；然而镌有文字、砖雕的这一立面，却深藏在院落内侧，不轻易为外人看见，只有受邀的访客才能有缘一见。这种设计模式的背后，是吴人的文化性格。

如果我们把进入宅院的方向称为"内"，走出宅院的方向称为"外"，那么，砖雕门楼最常出现的位置，是一座宅院正厅外正对着的墙壁。换句话说，正厅的门是向外开的，而砖雕门楼的门却是向内开的。

砖雕门楼的造型，像是一座浮在墙上的小亭子。它有自己的屋脊、屋檐、斗拱、梁枋、匾额，底下像有立柱支撑，立柱之间开门。这些建筑构件，虽然是砖雕泥塑而成，但它的细节造型，看起来与木制建筑没有太大的区别。

砖雕门楼的源头，可能是门罩。所谓的"门罩"，是在墙门的门框上方，安装砖质、石质或者木质的横枋或者屋檐，能起到防雨的作用。吴中现在还有一些明代的门罩存世。它们的造型比较朴素，最多只是略施砖雕，摹仿木构；尺寸也不太大，高度将将能遮住门框，很少有能高出墙头的。门罩有向外开的，也有向内开的。有时，正厅面对着的墙，实际上是门厅（或其所附穿堂）的后墙，那么，就只有朝内一侧有门罩——因为朝外一侧位于室内部分。另一种情况是，正厅面对着的是一片独立的墙门，墙门外、墙门内都是天井院落。这时，内侧和外侧就都需要安装门罩了。这种情况下，内、外门罩逐渐出现了分化。朝外的门楼，依然简朴、窄小，而朝内的门楼，镂刻日益精细，层次日益复杂，技法日益多样，特别是规模日益扩大、日益增高，乃至高逾墙头，几乎是个半独立的楼阁了。这就是后世所说的砖雕门楼。

砖雕门楼的繁复化、精细化，有其渊源可循。江南自古就是陶器产地。五代至北宋初年建立的云岩寺塔（俗称虎丘塔），内部还保存着堆塑的牡丹、卷草、湖石图案，这是现存最早的地面建筑堆塑装饰。堆塑，是砖雕艺术最重要的手法之一。早期的砖雕，大多采用堆塑，后来才流行先烧砖、后雕刻的做法。吴中又是中国塑像艺术的重镇，用直保圣寺、东山紫金庵的罗汉像，都是保存至今的大手笔。可以想象，在明代的吴中，一定有着许多擅长砖雕、泥塑的匠人。这种发达、活跃的造型艺术，被吸收到建筑装饰之中，也就顺理成章了。

那么，这种内外砖雕的繁简之别，又是怎么出现的呢？原来，明清之际，由于农业技术的进步、商品经济的发展、土地兼并的加剧等因素，无论城镇还是乡村，都有不少人家，或者资产剧增，或者取得功名，总之，以不同的方式跻身中层甚至上流社会。随着资产的增加，人们自然开始追求更高品质的生活方式，"崇栋宇，丰庖厨……任情而逾礼者，有之矣"[1]。

到清代，吴人更是"风俗奢靡，日甚一日"，不仅富裕阶层，"堆篋盈箱，不惜纨扇之弃置"；就连平民百姓，也能"美衣鲜服，饮茶听唱以为乐"，社会上下都形成了追逐时尚的气氛。衣着、饮食的风尚，每年，甚至每月都在推陈出新，建筑、雕饰的风向，自然也在迅速衍变。人们互相攀比，唯恐落后。所以，清代以来，特别是自清中期开始，吴地的砖雕门楼日益繁复，"竞尚华侈"，也在情理之中了。

既然砖雕门楼的兴盛，是吴人追求生活品质的产物，那么，为什么只加饰朝内一面，而面朝外侧的门楼，仍保持着简朴的形态呢？这是因为，虽然大家都在不断提升物质生活水平，但是，崇尚（至少是标榜）勤俭、朴素的风气，仍是吴地社会（至少是表面上的）普遍共识。史载，至少在明初，吴江人还是"风俗淳朴，非世家不架高屋，衣服器皿不敢奢侈"；直到清代，奢华的风气只是在阊门、胥门一带的商业区最为流行，而在稍偏僻的地方，"娄、葑偏东南，其人多俭啬、储田产；齐门勤职业，习经纪，不敢为放逸之行"，算是古风犹存。另外，当时也有些有识之士，对日益奢靡的世风提出批评，认为"日新月异、自俭入奢，即自盛入衰之兆也"；有人从儒家角度出发，认为应当维持尊卑体统，"固当崇以体统，不谓僭滥之极"。总之，追逐物质享受，纵然已是全社会普遍的现象，但人们终究顾忌风评，不敢堂而皇之，尽量保持低调。所以《历年纪》说，松江有些人家，表面上看是"极小之户，济贫之弄，住房一间者"，室内却有名贵的桌椅、书画、茶具。这种矛盾的现象，正是明清吴人日常生活的缩影。

清代中期，（内侧的）砖雕门楼趋于繁复、精致；当时已有文人对这一现象提出反思。钱泳《履园丛话》说："吾乡造屋，大厅前必有门楼，砖上雕刻人马戏文，玲珑剔透，尤为可笑，此皆主人无成见，听凭工匠所为而受其愚耳。"[2]他主张，匠人不能"以涂汰作生涯，雕花为能事"，而应仔细考察建筑的格局、地形，"相题立局，随方逐圆"，让厅堂、书斋各有各的氛围，总之，住宅的雕饰，不能只依靠工匠的"老笔主意"，而应融会"主人之心思，工匠之巧妙"，沟通儒匠、浚发智巧，才能营造最理想的居所。

不过，站在更广阔的视野上看，这种砖雕门楼的不对称性，又恰恰说明吴地的宅主，开始以"人"的身份、"人"的审美，参与到建筑空间的构建中。我们知道，在中古以前，所谓的"门户""门第"，最重要的作用不是用来观看、用来欣赏；而是用来区分尊卑等级、标识身份。一院之门、一宅之门，是否精致、典雅并不重要，只要它的"等第"足够高贵、"阀阅"足够尊崇，就足以使人倾倒。士族和庶人、官员和平民，都要在"门户"上做出显著的区分，至于时尚、审美根本不在考虑范围内。今天在其他地区，仍然能见到沿街敞开的气派的"高门大户"，就是这一风气的遗痕。

而明清以来砖雕门楼的流行，似乎暗示着这种品第、尊卑的枷锁正在被逐渐打破。无论你是什么身份（当然，仍然需要有一定的社会地位），只要财力允许，门楼的样式，可以完全由宅主决定。"纤巧烂漫"的豪华门楼、"宁朴无巧"的普通门罩，任君选择。比如李渔就主张，过度装饰有违美感，"张土木之事，最忌奢靡，匪特庶民之家，当崇简朴；即王公大人，亦当以此为尚"。于是，门户的繁简，从彰显身份等级的、外向的"功能元素"，渐渐转变为服务于宅主个人审美的、内向的"审美元素"。门户预设的"观众"，也不再是从外面路过的行人，而是门内居住着的宅主、造访的亲友。这种原先深藏在阀阅和材等之下的、对造型艺术的审美意识，这种居住空间不只是为向他人彰显品第而更应服务于居住者对空间之美的自觉，随着砖雕门楼的风靡而浮现于门庭之间。

晚明的李卓吾主张："夫私者，人之心也。"这一思想，在明清之际的江南产生了很大影响。顾炎武写道："天下之人，各怀其家，各私其子，其常情也。"王夫之说："我者，德之主也。""以我自爱之心而为爱人之理，我与人同乎其情，则又同乎其道也。"陈确则说："有私，所以为君子。惟君子而后能有私，彼小人者恶能有私乎哉？"明清之际的思想家发现并且尊重个体情感的价值，甚至主张生命的意义不应仅仅局限于道德责任，而为此完全放弃七情六欲、衣食住行的需求；恰恰相反，个体的品德，乃至于社会的进步，"正是以财富、功名等欲望为基础的"。以往的思想史学者已经注意到，这种转变的背后，是晚明以来特别是江南地区商品经济的兴盛，以及市民社会的逐渐形成。我们考察吴县砖雕门楼的分布，也会发现一个奇异的现象：在姑苏城厢、各大市镇、偏远的乡村，甚至在太湖的孤岛上，砖雕门楼的密度好像并没有什么区别；在官宦世家的官邸中、在商人的大宅中、在文人的寓所中，甚至在一些中等地主家庭的宅院里，全都能看到砖雕门楼的踪影，而且，社会地位与砖雕门楼的华丽程度，并不完全成正比。这与别的一些地区，高等级建筑多见于府城州城之内，多见于官署、寺庙的现象，形成了很大的反差。这当然不是说，阶层差异在明清时代的吴县已经彻底消除了；但这多少意味着，伴随着商品化与城镇化的进程，传统江南社会中根深蒂固的城乡之别、士庶之别、贵贱之别，已在一定程度上得到了弥合，而个人的价值、个人的情感，开始剥去社会身份与社会关系的遮掩，受到独立的尊重。这些时代进步的印记，正是深藏在砖雕门楼的奢华外表之下、不可磨灭的历史价值。

欣赏一座砖雕门楼，要看它整体的比例，要看它的刀工与塑工，要看图案、装饰与文字营造的整体氛围是否融洽。

判断一座砖雕门楼是否为佳作，可以重点考察它的曲线线条，是否有节奏、有章法，繁而不乱、如同书法。例如明善堂门楼下枋的缠枝纹、惠和堂照壁的喜鹊石榴松鼠图中的枝叶。特别是瑞霭堂门楼下枋的"鱼化龙图"，堪称惊世骇俗的大手笔。水波与鱼交缠，其中波纹的处理，虽是坚硬的砖瓦，却能流利如锦缎。

还可以考察砖雕对人物、动物神态的表现是否写实。因为砖雕位置高，不能贴近观赏，所以对神情的刻画还不能完全写实，而应该抓住其主要特征。霭庆堂的狮子、锦星堂的獾与喜鹊（欢天喜地）、尊仁堂的"张果老倒骑毛驴"、仁本堂"苏武牧羊"等几幅，皆属佳作。

另外看那些有层次的深浮雕，是否能体现出纵深感、舞台感；若出场人物众多，能否做到调度精确，人多而不杂乱。蔡少渔旧宅的"截江争斗""宁戚饭牛""将相和"几铺，都是世所罕见的佳作，今天看来，也是"电影感"十足。

还有一个诀窍，那就是重点观察它的垂柱（荷花柱）部位。因为此处完全悬空，"四面受敌"，所以尤其凸显匠人圆雕、高浮雕等技法综合运用的水平。如明善堂的门楼模仿木构建筑的牡丹、仰覆莲柱，尊德堂雕灵芝纠缠，纯德堂雕松鼠葡萄等，春在楼雕寒山拾得人物，皆有可观者。最动人心魄的，是久大堂的砖

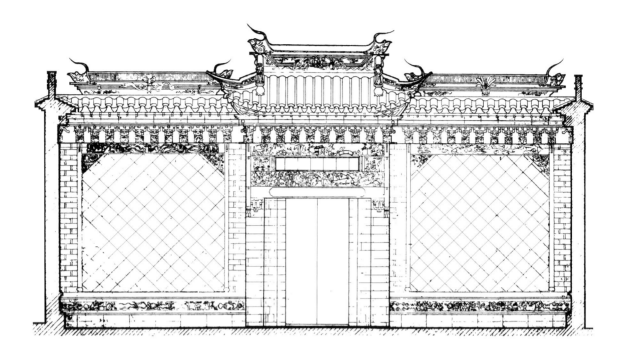

明善堂门楼

雕佛手——它就像是一串刚成熟的佛手柑，摇摇晃晃地挂在枝头，好像马上就要熟透了掉落下来。

截至1982年，仅在苏州城区，就保存有295座砖雕门楼；若要算上周边郊野，数量恐怕还能翻倍。在此，我们选择东山上湾明善堂门楼，以展现清代砖雕门楼的结构。可以看到，门楼中央位置是一块匾额（称为"字牌"），只是未刻文字——这种情况很常见，有时是故意留空，寓意白璧无瑕；有时是为了等待有文人名士做客，好向他们求字。字牌左右，各有一方形区域，称为"兜肚"。左边雕的是"麒麟送子"，右边是"独占鳌头"，这当然是希望子孙后代能够考取功名。

这一行"字牌—兜肚"以上，称为"上枋"；以下，称为"下枋"。此处上枋深雕"渔樵耕读图"，下枋雕"凤穿牡丹"图案。再下有一天满石，浅雕牡丹、芙蓉、山茶，簇拥着一个硕大的圆形"福"字，寓意"一团和气"。上枋以上，就是斗拱，最值得注意的，一是斗拱下垫着的鲜活卷曲的荷叶墩；二是斗拱之间垫拱板上悬空镂刻的古钱、回纹等吉祥图案。两侧荷花柱末端透雕莲花，花形怒放，生机盎然。

我们展示的是门楼的内侧造型，如前文所述，外侧相较之下就简朴很多了。其造型为单坡顶，施一青石门楣，刻"必定高升"图案；上枋砖雕万字纹，并嵌几何纹。两侧亦各设荷花柱。

除了门楼以外，门楼内侧两边的塞口墙，也是与门楼一体的佳作。塞口墙通体细砖贴面，檐下施一斗六升砖细仿木斗拱十一攒，垫拱板雕有鸳鸯、青蛙、蟹、螺蛳及石榴、桃子、牡丹、迎春等动物与花卉图案。两侧细砖抛枋上，分别雕刻"鲤鱼跳龙门""五鹤捧寿"图案；下设青石质须弥座式勒脚，束腰处刻"狮子滚绣球""松鹤延年""柏鹿同春""荷花鸳鸯"等图案。

〔1〕　　〔北宋〕朱长文：《吴郡图经续记》，中华书局，1985年第一版，第28页。
〔2〕　　〔清〕钱泳：《履园丛话》（全二册），上海古籍出版社，2012年12月第一版，第219页。

明善堂门楼（1）

明善堂门楼（2）

明善堂门楼（3）

明善堂门楼（三）

瞻瑞堂门楼（1）

瞻瑞堂门楼（2）

瞻瑞堂门楼（3）

居民在房屋选址时，保持"择优而居"的基本原则，优越的地形环境是必要条件。吴地的文化、经济随着大规模的人口迁移而处于领先地位。越来越多的人口来此定居，形成新的村落。各村落的建筑密度也达到了空前的高度。东西山的村落，往往依据地形选址。在形如环抱之势的山坞里，民居沿道路呈棋盘格局展开，依等高线分布。为了适应山势的起伏，这些民居往往会依山而建。

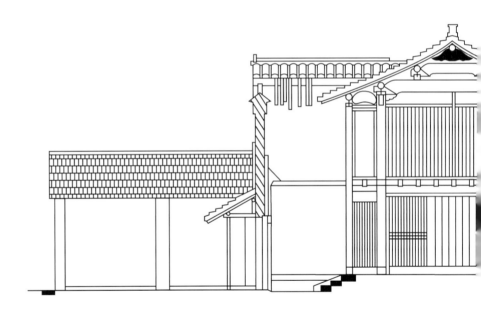

三祝堂剖面图

（改绘自苏州市吴中区文物管理委员会办公室编著：《吴中文物：古镇、古村、古建筑》，上海科学技术出版社，2017年4月第一版，第115页。）

三祝堂，位于东山镇陆巷村嵩下。该堂建成年代无考，从现存建筑的梁架形制与装饰看，当为明代晚期建筑。

该堂整座宅院依山坡而建，单体建筑逐进得升，实测楼厅台基高 54 厘米，楼厅室内地坪比大厅基址地坪高 46 厘米，后进附房室内地坪比楼厅高 1.6 米，而最后一进柴房的室内地坪比楼厅高出了 2.28 米。这样逐进得升的做法不仅便于泄水，亦利于采光。

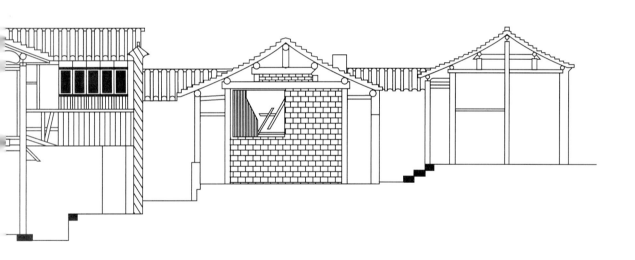

東西山民居比较

村村皆不同

吴县目前尚有明代住宅 114 幢，清代住宅 200 幢，主要分布在东西山风景区内，大都为省、市、县重点文物保护单位。

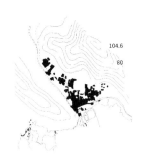

东山镇杨湾古村平面示意图
（引自徐民苏等编：《苏州民居》，中国建筑工业出版社，2018年1月第一版，第19页。）

东山镇陆巷古村平面示意图
（引自徐民苏等编：《苏州民居》，中国建筑工业出版社，2018年1月第一版，第20页。）

金庭（西山）镇东村平面示意图
（引自徐民苏等编：《苏州民居》，中国建筑工业出版社，2018年1月第一版，第20页。）

金庭（西山）镇明湾古村平面示意图
（引自徐民苏等编：《苏州民居》，中国建筑工业出版社，2018年1月第一版，第20页。）

东山

　　由于东山历代均有名门望族，因此宅第园林颇多。现存的明清建筑约占全镇建筑面积的 3/10，古建筑类的各级文物保护单位和控保建筑就有 37 处。著名的明清建筑有楠木厅、凝德堂、瑞霭堂、绍德堂、诸公井亭、春在楼、裕德堂及花厅、松风馆、敦裕堂、秋官第、文德堂、椿桂堂等。这些宅第民居建筑的平面布局大多沿中轴线纵深发展，也有横向分布的，通常为三至五进，前低后高。前后进以庭院、天井、塞口墙相隔，中置砖雕门楼，旁设备弄，为日常生活的主要通道。规模宏大的宅第则设左、中、右三条备弄。整座宅第均以院墙相围，形成一个封闭的院落。一般住宅分前后两部分：前者对外，有门厅、茶厅、正厅，有的还建有花厅；后为居室，一般会建楼，楼下置厅。有的则建有南北对称的两幢楼房，楼与楼之间由双层廊与厢房贯通，俗称"走马楼"。

　　东山的民居，既有庄重古朴的深宅大院，又有小巧玲珑的园林小筑；既有装饰豪华的宅第，又有与名人有关的宅院；既有官第，又有民宅。

怀荫堂

怀荫堂，位于苏州市吴中区东山镇杨湾，是一处明代中晚期的小型群体民居建筑。该堂坐北面南，临街而建。单体建筑有门屋住楼一路两进，布局极为紧凑，小巧精致。住楼用料粗壮，结构稳定，檐下斜撑做法极有特色，整组构件制作得十分精正，大门两侧框间仔心做法精致，形式特殊，极为罕见。因此，怀荫堂具有极高的艺术价值，是研究苏南地区明代民居建筑的优秀实例。

怀荫堂（1）

怀荫堂（2）

西山

西山的古民居多为深宅大院，四周均有高耸的院墙相围，形成封闭结构。平面布局一般为一路多进，依次为门厅、大厅、楼厅，依中轴线分布。大型宅院则为三路多进的建筑群。宅院中有多条幽深的备弄相通，各进单体建筑之间有庭院或天井相隔，形成独立的单元，往往随地形高低而就，错落有致、鳞次栉比。民居形式大多为硬山造，设有高耸的五山屏风封火墙，披顶黛瓦，外观色调古朴素雅。宅院内的装饰十分讲究，雕楼画栋、富丽堂皇。屋内的门楼、梁柱、额枋、雀替、门楣、窗棂、裙板一般均雕刻有各种图案。庭院中还堆以假石，植有花木。身置其中，仿佛在名园胜境中徜徉览胜。西山古民居多数在门楼、照壁、匾额中有精确纪年，这为传统建筑的断代提供了佐证。

敦伦堂

姚家老屋，明代普通农户住宅，坐北朝南，占地190平方米。前后两进，第二进为楼房，楼上做卧室用。布局紧凑，富有实用价值。

敦伦堂（1）

敦伦堂（2）

第三章

自如
我的社区

世间乐土
江南生活风景

吴县的居住建筑追求舒适、宜人，但这并不会让建筑与建筑之间显得疏离、松散、无序。相反，不同的宅院，通过村落、城镇这样的社区，互相协调，有机地组织起来。山谷与水岸之间，大小村镇社区自然生长，水陆交通网贯穿其间，人员和物产高效流动。

路网、水网相叠，精妙的规划布局，在平日，让行人往来自如；在台风天，也能抵御暴雨与洪涝。拱桥、埠头、湾子，舟车穿梭其间。白鱼、枇杷、杨梅、碧螺春，一年四季都有丰饶的物产。井亭、树架、石板街，让人们在这里的生活便利而适宜。骑楼下的店铺，河边的米行、菜场，带来当令的物什。庙宇、祠堂分布在村镇之间，成为社区内的公共空间。

甪直古镇

一座典型的吴县小镇的沿街立面

甪直古镇面积 1.1 平方公里。全镇贴水成街，因水就市，屋宇丛密，街道逶迤，古桥林立，店铺鳞栉，民俗风情淳厚质朴。古桥、驳岸、河埠、古宅、古街、廊棚是甪直古镇的独特风貌。"小桥、流水、人家"是古镇的自然景观和生活特征。

千百年来，由于古镇四周为广袤的沃野和众多的河荡，发达的农耕渔业经济孕育着古镇，使古镇成为姑苏城东繁华的商贸集散地，也造就了这历经沧桑的古街老屋。甪直古镇的街道有 9 条，与河港平行而筑，主街长 2 公里。街道路面以条石与碎石相铺。两侧店铺林立。

20 世纪 50 年代，古镇就有商铺 637 家、商贩 400 多户。古铺老店中以"万盛米行"最负盛名。集市有早、晚两市，交易四时农作物。商贸相当繁荣。

扫码观赏数字江南

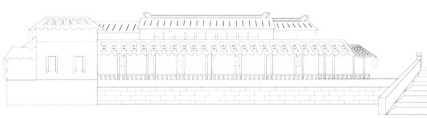

甪直古镇沿街立面示意图（1）

甪直古镇沿街立面示意图（2）

角直古镇内的水道河流有6条，三横三竖，呈"角"字形分布。明清以来，随着资本商业的崛起，角直古镇成为苏州东部地区的一处商业重镇。由于地处水乡，环境闭塞，交通工具仅为舟楫。每日早市，古镇内的水道中舟船穿梭如织。附近各乡、各村的农副产品及水域渔民的水产品纷纷入市交易。商贸交易繁荣，为了方便货物装卸与行人行走，水道上的桥梁与驳岸便应运而生。角直素有"古桥之乡"之称，桥梁密度达每平方公里48.3座，旧有72座半，现存32座。始建于宋代的1座，建于明代的13座，建于清代的15座，余为民国后所建。桥之形制有拱形、梁式平桥两种。桥之用料有武康石、青石、花岗石，大小不一，形式各异。

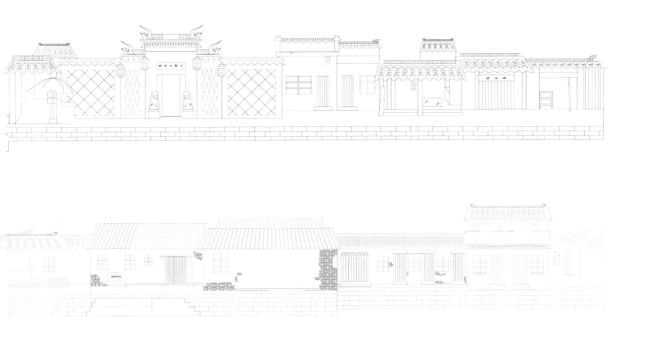

甪直古镇沿街立面示意图（3）

甪直古镇沿街立面示意图（4）

甪直古镇俯瞰（1）

角直古镇俯瞰（2）

雨后穿绣鞋

明月湾石板街

明月湾古村，坐落在苏州市太湖洞庭西山岛南端的太湖边。因"湖堤环抱，形如新月之湾"故称"明月湾"。明月湾是西山岛上最古老的村庄。相传早在春秋时期已成村落，村民多数是沦为奴隶的越国战俘。从唐代诗人皮日休《太湖诗·明月湾》诗句的记述来看，唐代的明月湾已是"野人波涛上，白屋幽深间；晓培橘栽去，暮作鱼梁还"。村民多以"耕鱼树艺"为业了。南宋时，通奉大夫杨偰，"买洞庭西山明月湾地，营别墅以居"。而后，秦氏、吴氏、邓氏、黄氏等贵族后裔纷纷迁入，古村开始繁荣。至清乾隆年间为鼎盛期，延续至今千年不衰。

明月湾古村，三面环山，一面临湖，山环水抱，形势奇胜。古村主体面积为9万多平方米。其平面布局因山川地势呈棋盘格形，村内古民居沿街巷成片分布，历代营建不断，高低错落有致，纵向分布与横向发展交织，形成了街道纵横、小巷幽深的村落布局。民居建筑与山环水绕的自然环境十分和谐地融为一体。村中街道全长1140米，共用4500多块花岗岩石铺成。街道上走行人，下为排水沟。据《明月湾修治街埠碑记》记述，该石板街建于乾隆三十五年（1770）九月，由于泄水功能极好，有"明湾石板街，雨后着绣鞋"之民谚。

明月湾石板街（1）

明月湾石板街（2）

明月湾石板街（3）

埠 停
头 泊

角直镇内的水道驳岸总长约有 2 公里，分布在 6 条河道的两侧。驳岸均以花岗岩条石垒砌而成，驳岸上往往设有许多埠头，埠头有宽有窄，大多是泊船上岸之地，亦是居民日常洗衣之所。也有不少商铺驳岸，铺内设有踏步通至河埠，装运货物、日常生活十分方便。亦有利用驳岸为基临河建房的，人称"枕河人家"。驳岸的修筑，既保证了河岸的整齐美观，又防止水浪冲击所造成的岸滩倒塌。

角直埠头（1）

角直埠头（2）

木渎　袁氏埠头

菜场 米行

买米买菜

除了姑苏城厢、十里山塘，整个吴县范围内，几乎都是传统意义上的村镇地区，是田连阡陌的鱼米之乡。但其实，全县范围内，有许多菜市场、米行的遗迹。这是为什么呢？此现象的背后，蕴含着深刻的经济变革。

唐宋时代，吴地已是重要的粮食产区。特别是自北宋以来，占城稻引入江南，苏州"中稔之利，每亩得米二硕至三硕"（《范文正公集》），稻米种植极其兴盛。但也正是在这一时期，吴地农民利用稻作生长的节令时差，开始见缝插针地栽种许多经济作物，"又种菜、麦、麻豆，耕无废圩，刈无遗垄"，"种无虚日，刈无虚月，一岁所资，绵绵相继"。（《农书》）在靠近姑苏城的村镇，"卖花者所植弥望"；在洞庭两山这样的山区，更是出现了专职种植经济作物的村落，"皆以树桑栀甘油为常产"，每逢收获时节，"趋市商船急"。（《吴郡志》）

由于经济作物利润更高（"凡桔一亩比田一亩利数倍"），也宜于山区的环境，洞庭两山的一些地区，很早就完成了彻底的农业商品化，日常饮食均自市场购得——"多种柑桔桑麻，糊口之物，尽仰商贩"（《鸡肋编》）。而所需的果树苗，也常常需要泛舟到周边的苏、湖、秀三州采购。种茶、酿酒、织席这样的产业，也在此时普遍出现，成为很多农村的主业。另外，江南地区粮食租赋的不断加重，也被学术界认为是当地农民普遍转向经济作物种植的一大原因。

一方面是耕地和气候条件宜于稻作，粮食亩产量极高；另一方面，这里又有许多根本不种主粮的村镇居民，他们需要从市场中采购口粮。供需都很旺盛的情况下，到南宋时，吴地已经出现了相当密集的粮食市场。正如陆游所写的："远游索手不赍粮，薪米临时取道傍。今日晴明行亦好，经旬风雨住何妨？"不必种粮、储粮，在"道傍"就能买到。

太湖畔的横泾、运河畔的枫桥，都形成了颇具规模的粮食市场，本地和外来米商在此汇聚。宋高宗绍兴三十一年（1161），横金市米商张子颜一次就从仓库中拨出储米2500石，用以资助军粮，其经营规模之大，可以想见。除了定点的米市以外，商贩还深入村镇乡野，一方面采购商品作物、副产品，一方面也销售一些粮食和日常商品。所以朱熹感慨说，古时要买东西，必须要去市场上；如今要买什么，只要等在门口，就能看到有人挑着扁担来贩卖了。

农村经济较彻底的商品化，可看作中古以来吴县地区最深远的经济变革。这种商品化，逐渐抹平了城镇与乡村之间的界限。农民耕作经济作物，在市场上出售获利，就好像市民生产手工艺品贩卖一般。于是，不只是士大夫阶层，就算是稍有积蓄的村镇居民，也开始追求城市的生活方式，或者成为半职业的商人，或者吟咏诗书、求取功名，或者模仿市民生活，追求奢华享受。

在这种社会背景之下，米市、菜市在吴县遍地开花，为这些"商品化"的农村提供日常饮食所需，也就不足为奇了。如东山上湾的石桥村，这座南宋时期形成的村落，在明清时期已是商店林立、市场繁荣，成为东山后山的商业聚集地。今天在这里，还能看到一座菜场的遗迹。这座菜场是在2008年7月的文物普查中发现的，是苏州已知现存最早的菜场，现在还保存着一座门楼、两幢铺面平房。

门楼是民国时代的作品，带有一些西洋风格。此门三间四立柱形式，通高4.25米，中有券顶、拱门，门宽1.51米，高2.7米，拱顶上部有长方形额，内堆塑出楷书阳文"中区小菜场""十八年仲秋，江州施微书"；额上方做出砖砌弧形顶，拱门两侧设方形立柱，以青水砖错缝砌成。门楼两侧砌出对称的边墙，并以清水砖砌出方形边柱，边墙下部有勒脚。门楼的弧形顶及两侧面以堆塑手法做忍冬纹图案，饰纹清晰、线条流畅。

中区小菜场（1）

中区小菜场（2）

中区小菜场（3）

中区小菜场（4）

〔1〕 "其土瘠，谷粟之外无他产，其民习
耕捆织之外无他业，间有贸易，亦不
过转输邑市之货，规蝇头利而已，非
通衢巨镇商贾辐辏比也"（〔明〕
金应征：《议革门摊碑记》，乾隆
《吴郡甫里志》卷二十一）

铺面房两幢，砖木结构，形制大小基本相同，均为单檐歇山造，四坡小瓦屋面，面阔三间，进深六界，四面敞开式梁架，为圆作穿斗分心造。中柱、前后檐柱落地，步、金柱不落地，每间的前后檐柱及中柱以包柱手法砌出青水砖方形柱墩。门楼与铺面房之间形成宽大的院场，院场内地铺长条形青砖，十分平整，这就是原先交易粮食、蔬菜、渔获和副食品的露天交易区。

菜场东侧为石桥村，民居林立；西北面有石桥港流经，港上有石桥一座，原有码头，进村菜农、渔民的舟楫，可通过石桥港直达菜场门前，水陆交通都十分便利。可以说，这座现存最早菜场的选址，很有商业眼光。

不过，吴地不是每个村镇，都像洞庭、横金地区那么幸运；像东西山这样，一年四季都有特产，茶叶、枇杷、杨梅至今享誉全国的村镇，就算是在江南，又有几座呢？同样是历史悠久的名镇，甪直周边的农村就没那么幸运了。这里土地比较贫瘠，种不出特别好的经济作物，想参与市场交易，也只能做些转手贸易而已。[1]

但是，进入清代，特别是到晚清之后，甪直一带的商业氛围越来越浓厚。这也与上海的兴盛有关。此时，甪直镇上有店铺600余家，甚至有"昆山一城不如甪直一镇"的说法。这些店铺中最为著名的，是古镇南端靠近乡野的"万成恒米行"。叶圣陶先生的名篇《多收了三五斗》中写道："万盛米行的河埠头，横七竖八停泊着乡村里出来的敞口船。船里装载的是新米，把船身压得很低……"据其学生皇甫仲丹先生回忆，这个"万盛米行"的原型，就是万成恒米行。

今天走近米行，还未看见其大门，就先能看到那条河埠头。这座八字形的埠头极宽广，长约30米，在整个吴地都算是相当庞大了。一级一级的长条石往水里延伸，往日一定挤满了各个村落开来的粮船；直到今天，还常有来往船只停泊。

现在看到的万成恒米行，是民国初年的建筑。当时，米行由沈、范两家富商合伙经营。米行坐西面东，临街而建，其布局呈前铺后场形式——前面是做生意

万成恒米行旧址（1）

万成恒米行旧址（2）

万成恒米行旧址（3）

的店面，后面是加工大米的工场、储存粮食的仓库，是吴县东部首屈一指的大米行，不仅覆盖甪直镇，还是其周边十多个乡镇的粮食集散中心。直到新中国成立后，还一直作为粮食收购站使用。现在，万成恒米行正在修缮之中，待其竣事，从镇上乘船一路来此，一定饶有雅趣。

店铺 打烊

　　吴县的商品经济既然日益发达，村镇之间，沿河、沿街开设的店铺，自然也就越来越多。姑苏城厢、运河沿岸自不必说，就是距离城区较远的木渎镇、光福镇、蠡墅镇、甪直镇，甚至是太湖中的东山镇、西山（金庭）镇，至今都保留有不少古店铺。东山的杨湾村，西山的镇夏、东村，也有店铺留存。其中最为可贵的，要数西山涵村主街上一座陆家经营的店铺。

　　涵村主街沿南北向伸展，长 1500 余米，宽 3 米。店铺临街而建，在街东侧。店铺的后面有宅院的遗迹，可见该店曾经是"前店后宅"布局——前为铺面，后为宅院，可惜现在只有前店存世了。店主说，该店铺当年曾经营过杂货，做过肉店、茶馆与箍桶店，直到 20 世纪末。2003 年，这座店铺被定为江苏省文物保护单位。

　　这座店铺特别在哪里呢？就在于它历史之悠久。店铺内的梁架结构显示，它应是一座明代的遗构；原藏于店内的一方王鏊撰题、祝允明书写的墓碑，也印证了它的年代。这么古老的店铺，在全国也是屈指可数的。

　　店铺面阔二间 10.8 米，进深七檩 7.52 米，彻上明造，举架平缓。正间与南次间里退一界，这就形成了一道檐廊，当时的客人大概可以站在这里挑选货物，与店主交谈。廊地面铺砖，前设两级青石台阶，廊柱下设圆形青石柱础。

　　店铺的正间为铺面，铺面开了短扉四扇，称为"矮挞"，这就形成了四个营业窗口。短扉可自由开闭，营业时，可以将短扉内翻，用铁吊钩扣住。短扉坐槛下置裙板。室内地面铺设地板。南次间开设将军门，顶施额枋，以代上槛。南次间内上部筑有阁楼，这是用来存放货物的货架；北次间临街包檐墙上部开有直棂小窗。

涵村店铺（1）

涵村店铺（2）

店铺构架为内四界前后廊内四柱形式。正贴抬梁式，南侧内四界扁作，用材硕大，月梁架在两步柱上，梁垫菱角形，梁面施水带纹，装饰简洁。梁背设荷叶墩，置栌斗，上承山界梁，山界梁上设童柱，置斗承脊檩，山尖施山雾云。童柱下端刻如意纹。北侧正贴圆作，四椽栿上置矮柱承平梁，平梁上施童柱，承脊檩，看起来就比较朴素了。

吴地的梁架正贴，通常有两种主流的做法：一种称为"扁作"，它的装饰往往更丰富；另一种是"圆作"，形象上就更简洁一些。上面说的南北四界梁，就恰恰用了这两种不同的做法。一座建筑中对称的两组梁架，竟然一扁一圆，并不统一，这在吴地是极其罕见的。只有鸳鸯厅有时会采用这种做法，作为男主人、女主人各自空间的区分。

涵村的这家店铺，又为何要这么做呢？我猜想，这是因为南内四界可以从"营业窗口"外头看到，代表着店铺的形象，所以有意做得奢华些；而北内四界，得是店主推将军门进来时，才能看见，因此也就怎么简便怎么来了。这让人想到今天的有些商铺，接待客人的区域富丽堂皇，而员工休息室、储藏室则昏暗简陋。重视对外的形象，而对店主、员工自己，则是能简则简，看来是古今相同的。

吴地从明代一直完好传承、以迄于今的店铺，只有涵村店铺这一家，但是传承数百年的老店，则不在少数。涵村店铺是这数以千计的店铺的索引，执此可以理解吴地店铺的普遍面貌。一座店铺需要什么呢？需要一个营业的窗口；窗口外面，需要有一片挑出的空间，以蔽风雨，供客人驻足；店铺里面，还需要有仓储的区域、店主和员工居住的区域，可能还需要生产手工艺品的区域。涵村店铺虽小，而上述这些一应俱全。特别是"前店后宅"的格局，是吴地的普遍现象。

之所以做成前店后宅，当然是为了争取最大的客流。也有些二层、三层的店铺，做成"底店楼宅"。往往店铺正面是街、背面是河，兼得水陆两便；也有正面是街、背面是巷的，涵村就是一个这样的例子。伙计、家眷、货物，往往就要从"后巷"进出，带有一些私密的属性，所以往往安排一个小的夹道出入。涵村就是这样，店铺东侧，以一个拱门遮蔽向内的夹道，夹道狭窄，二人即需错身，而夹道地面尚铺有块石，可能是为了运货方便。

涵村店铺作为明代遗构，是一个孤例，但它在涵村主街上，却并不孤立。三里长街上，各家店宅的山墙紧紧挨着，形成连绵不断的商店之河。方其盛时，不同店铺各有特色，有日用品商铺，有酒楼、茶馆、餐馆等。这种景象在苏州各个村镇，都能见到。每逢路口转角处，店铺常会抹成弧线，形成一个扇形的门脸。总之，设计店铺布局，宗旨就是要充分经营街面上的用地，为开店而争取有用的室内外空间。

店铺的门脸，有的像涵村店铺这样，做成矮挞，下一半是固定的，上一半可以打开，类似于营业窗口。也有的店铺，门脸完全可以打开，用的是一排木制的、早卸晚装的排门板。当营业时，店堂空间敞开在街面上，形成街道空间的延伸，像是柜台放在街上一样；收业时，排门板则完全封闭了营业空间，保证了隐私和安全。底店楼宅的二层部分，一般会挑出半界或一界屋，安装窗户和木裙板，也做得极其精美；或者做出凹阳台、落地长窗、吴王靠栏杆——这种做法的店铺，往往楼上也是营业的，类似于今天所说的雅座或者贵宾室吧。

井亭 汲水

早在距今 6000 多年前新石器时代的马家浜文化时期，太湖地区已出现了原始的水井。其后的各个历史时期，都有水井出土。水井的出现，能令聚居地人们的关系变得密切。孟子云："乡里同井，出入相友，守望相助，疾病扶持，则百姓亲睦。"一口水井，方圆几十户人家共汲共饮，在井边共同交谈，就像纽带一样，使人们有机地联系起来。叶梦得说："凡有井水处，即能歌柳词。"可见当时的水井，几乎起到今天微博、朋友圈的作用了。

水井的重要性，决定了它一般会出现在村镇的心腹位置；为了保证水源的清洁，又需要修葺建筑，加以遮蔽。于是，一座小巧精致、雕梁画栋的井亭，往往会成为一座村镇中心的地标。例如甪直镇的枢纽最繁华的地方是保圣寺前的香花桥，那里就设立了一座井亭。1987 年版的电视剧《红楼梦》中，甄士隐抱着甄英莲看热闹，就是在这里取景——可见，对于当时的人来说，有井亭的地方，无疑是一座村镇里的繁华地带了。

今天木渎镇香溪两畔保存得最好的古建筑，也是一座井亭，称作"怡泉亭"。这是一座石亭，始建于清康熙四十三年（1704），原在木渎镇殷家弄北端。该亭单檐歇山造、二坡屋面，平面呈正方形，宽 3.1 米，高 4.1 米。整座亭均以花岗石砌筑而成，前坡三块，后坡四块，这样就模拟了木建筑屋顶的曲面；以一块近似三角形的条形块石作脊，其中一块盖顶石上刻"康熙肆拾叁年"字铭，记录了亭的始建年代。亭四角设立柱，柱高 2.38 米；立柱一米以上，抹角成八角形。亭檐下四面均设额枋，正面镌"怡泉亭"阴文楷书亭名。亭内四面均设石栏凳；毕竟，供人休息，有时是井亭更重要的功能。

怡泉亭（1）

怡泉亭（2）

吴地最古老的井亭，应是西山后埠村的井亭。此亭始建于南宋淳熙年间（1174—1189），元大德年间（1297—1307）大修，同治年间（1862—1874）重建。此亭为单檐歇山造，四坡小青瓦屋面，平面为方形，面阔3.3米。亭为敞开式，亭之四角设四方抹角形青石立柱，柱高2.52米，直径45厘米，柱顶开十字凹榫，上置檐枋、牌科承檐檩，四角设搭角梁，老戗发戗，起翘平缓，颇有古意。虽然梁架恐怕主要还是晚清替换的产物，但四角的青石立柱，应是元代的原物，因而弥足珍贵。

与后埠井亭相比，东山的诸公井亭，就更加有名了。此亭位于苏州市吴中区东山镇西街，建于清代，1982年公布为江苏省文物保护单位。井亭临街而建，单檐歇山造。面阔一间3.35米，进深三间7.56米。亭由八根柱子支承屋顶。前檐、前金柱为抹角石柱，下施石鼓，垫八角形磉石，柱略有收分，柱头做覆盆形卷杀；后面各柱均为木质圆作，下垫石鼓。石柱顶端凿"十"字形榫槽以嵌额枋，上承平板枋，施一斗六升拱，出凤头昂。前、中间梁架为纵向抬梁，承托歇山顶；顶做卷棚式，正中间顶做八角藻井；后间做纵向抬梁于柱上，再施横向檩条做卷棚顶。前间和当中井间为敞开式，两侧有石坐栏供人歇息。

水井在亭的正中，施八角形青石井圈，圈高41厘米，内径40厘米。井做圆筒形，直径1.3米，井壁以块石垒砌，井深7.35米。后间置栅栏式门窗相隔，室内原祀刘猛将神像，可惜现在的神像是毁坏后重修的，只有神像基座仍是原貌。诸公井亭形制小巧，翼角莘飞，极具观赏价值。其顶部八角藻井制作精致，极具装饰性，达到了结构与装饰的巧妙统一。

扫码观赏数字江南

后埠井亭（1）

后埠井亭（2）

后埠井亭（3）

诸公井亭

〔1〕　王卫平：《清代江南地区的乡村社会救济——以市镇为中心的考察》，载《中国农史》，2003年4月，第85页

"诸公井亭"中的"诸公"是什么意思呢？据方志记载，明嘉靖二十四年（1545）大旱，太湖涸，东山乡民用水发生了困难。当时，里中父老倡议募资挖井，以解水荒。迨井挖成，乡民为了不忘倡议挖井众人的恩德，遂命名为"诸公井"。今天，诸公井亭、后埠井亭上，都能看到密集的勒痕，有些深达3—4厘米，这都是数百年间汲水桶的绳子摩擦造成的。即使使用了几个世纪，两井中的井水至今仍未曾干涸，清澈洁净。

　　诸公合力，为民解渴，这种集资行善的模式，很像今天的众筹公益。其实，正是在明清时代，特别是清前中期以来，在吴地的乡镇间，渐渐形成了完善、发达的公益慈善组织，其中有官方参与创建的，也有行、寺院出面组织的。这并不是说在这之前就没有慈善事业——此前，基于宗族组织的救济事业，一直在基层社会运作中扮演着至关重要的角色；吴地的宗族也大多有义田、义庄之类的公共族产，在公共活动、助学、备荒、养老、济贫、资助红白喜事等各个方面都发挥着作用，但是，明清以来的慈善活动，则大大突破了宗族的藩篱，向整个社会开放。吴地的乡镇社会，正在慢慢走向一种颇具"现代性"的城镇社会，甚至市民社会。

　　例如，当时的甪直镇，出现了保婴局（收养孤婴）、留婴堂（收养孤婴）、迁善局（引导不肖子弟回归正途）、敬老局（救济孤寡之人）、敬节局（保节）、同仁堂（施棺助葬）、敬梓堂（助葬）、永泽堂（公共墓地）、旅亭堂（停棺）、培梓堂（停棺）等十余家慈善性质的机构。大约在康熙十五年（1676）前后，育婴堂已经在江南一带相当普遍，及至乾隆年间，江南各府县的育婴堂普及率已达到62.5%。[1] 仅以慈善事业的角度来衡量，像甪直、东山、西山这样的乡镇，社会的组织程度已经不亚于一般州县的城区了。

更楼

打更

一座城池，会有城墙、城门作为屏障；一座成规模的古镇、古村，甚至是规模较大的宅院，也会设有一些保护措施。吴地人家尽枕河，最主要的措施，就是水上的"水栅"。这种安装在河道中央、可按需要开合的屏障，既是村镇边界的标识，也可防御盗贼。

至于陆上的要道，往往设有砖砌的巷门。洞庭西山的后埠村中，现在还存有宋代巷门的残迹。不远处的东村，现在还完整地保存着一座明代的巷门，上悬"栖贤巷"匾额。门以四柱支撑，材质均为楠木；柱间梁额两端微杀，而柱头亦略呈梭形，斗拱后尾插入柱中，宛然有古风。前后两柱之间，还存有供来往行人歇息的长坐板。"栖贤巷"中的"贤"字，相传是指秦末隐居于此的东园公；他是"商山四皓"之一，据说是东村的始祖。

东山凝德堂外的街道上，也设有巷门，东西相对，拱卫着这座宅院，也是明代的遗物。可惜东门已圮，只有西门留存。陆巷村也有巷门存世，年代或许稍晚，而形制却与凝德堂巷门相似，都是下半垂直、上半做半圆拱的砖砌拱门。

古城的城门，自然是围绕着城墙分布的，然而吴地村镇的巷门，却往往设在村落的心腹位置，甚至并不装设可开闭的门扉，不分昼夜，常年敞开。这样的巷门，恐怕更大的作用是作为村中的地标，类似于牌坊的功能。吴自牧在《梦粱录》中说："每日清晨，两街巷门，浮铺上行，百市买卖，热闹至饭前，市罢而收。"这说的是杭州的景象，而吴地的情况，应当也庶几于此。

巷门虽然常年打开，然而毕竟是交通要地，坐贾行商，人多眼杂，这就难免需要专人值守。明代以来，屡有倭寇、盗匪袭扰吴地，这也增加了村镇的不安全因素。所以，晚明以后，往往在巷门上增

杨湾更楼

加一层，这种建筑就称为"更楼"。平日里，在此打更、报时；如有危险，则可驻守警戒。

太仓沙溪镇、张家港凤凰镇、西山堂里村，都曾有过更楼，现在还有"更楼巷""更楼桥"这样的地名。东山上湾更楼留存至今，下层是拱门，上层则挑出一间小阁。穿过更楼，就是小巷"南洋里"，其尽头则是另一座巷门，它们的造型，都与前述东山另两处巷门相同。自清中后期开始，还有在自家宅院里设更楼的，见于西山后埠村承志堂、东山陆巷粹和堂、杨湾崇本堂等多处。

吴县地区规模最大的更楼，要数西山明月湾更楼。这座以石垒筑成的高阁，位处明月湾西南侧靠近太湖的方向，扼守着从外界进村唯一的水路通道，因此规模要比别处大得多，是村中的制高点，称为寨门也无不可。拱门之上，高悬"明月湾"三字。据说，在嘉靖年间的倭乱中，这座更楼曾发挥过很大的防御作用。可惜现在看到的更楼，已不完全是明代的原貌了。

明月湾更楼

公共化的流动水源

浣衣

　　吴县三山岛师俭堂的牌楼兜肚上，浮雕着这么一幅画面：一位老先生坐在亭子里，面朝书桌，向外眺望；远处水池边的童子一边洗着砚台，一边仰望着主人，仿佛在禀告主人：池内的鱼儿正吞着墨水呢！这其实蕴含着宋人"洗砚鱼吞墨"的寓意，象征主人的勤奋与简朴。不过，这幅浮雕所描绘的，确实是吴地最常见的景象：每逢傍晚时分，人们总是三三两两地坐在水边的栏杆上，只不过淘洗的往往不是笔墨，而是衣裳。

　　"君到姑苏见，人家尽枕河。古宫闲地少，水港小桥多。"在水系发达的吴门，日常生活中的方方面面，都与水网有关：饮食要用水、洗涤要用水、灌溉要用水、交通也要用水。村镇因水成市，因水成街，泽浸环市，街巷逶迤，石桥飞架，民居临流。

　　于是，"水边"成了吴人最重要的生活场景。池塘边、小溪畔往往绿化铺地。在炎热的晚上，这里是纳凉的好去处。老人、孩子在此小憩，中年人在这里晒太阳、晾晒衣物，做些家务活。对于主

响水涧（1）

妇来说，这里是边浣洗衣服边谈天说地的社交场所。

就算是店铺密集的街巷上，也会有一些下河的口子，供巷里人家下河浣洗，供河上船家随时上岸。而这些口子，也就成了巷弄里调节气候的进风口。夏季时，可以把徐徐凉风引进巷里，改善巷里的小气候。

吴地的水道，以角直最为经典，保存亦最完好。在它2公里长的水道上，往往设有许多河埠，除了能够泊船以外，也是居民日常洗衣之所。农家的小船，也会在这时兜售些瓜果、蔬菜。这些生活在水边的居民，就称为枕河人家。

东西山的村镇大多依山而建，所以村落往往有小涧横贯。这些水涧浅而急，不能通船，但用来洗涤正合适。西山的堂里村有一道"延福涧"，全长1.5公里，两侧以当地所产的紫云石叠砌成驳岸，雨季时上游涧水涌如瀑布，旱季时涧水则潺潺，村民每天在此浣衣，在此相聚。至于东山镇上的"响水涧"，更是长达2.5公里，上承莫厘峰、山茅峰等高山之水，愈往下游，水势愈急，夹涧处如瀑布怒吼。"窈窕山塘半酒家，浣衣归去笑吴娃。"每天在这样的胜景边洗衣、谈天，何尝不是一种享受呢？

响水涧（2）

湾子 登船

太湖沿岸的村镇，名字里往往带有一个"湾"字：东山有杨湾、上湾，西山有明月湾、消夏湾。这里的湾，并不全然指天然的水湾，而是一种半天然、半人工的码头，称为"湾子"或者"湖湾"。这些湖湾大小形态各不相同，有窄长形的，有鸡心形的、有圆形的、还有大小相连的子母形的。这种构筑物，是村民舟船出行的码头，是泊船的港湾，是太湖地区孤岛山村特有的人工构筑设施。

太湖诸湾中，最著名的当然是西山的明月湾了。盖因这里"湖堤环抱，形如新月之湾"，所以得名为"明月湾"；据说，是吴王与西施赏月的名所。明月湾也并不完全是天然形成的；今天明月禅院前有一古码头，全长 58 米，宽近 5 米，一路延伸至太湖深处，上面古树盘桓，根须向下延伸，把 256 块条石顶得山峦起伏。这座湖湾码头之所以修建，也是因为原先的"塘埠且就倾圮"，所以才人工向外扩建。

然而，要论规模的话，明月湾就远不及与它相邻的"消夏湾"了。消夏湾又叫"消暑湾"，相传为吴王偕宫女消夏避暑之所。它是太湖深入西洞庭山岛南部最大的一座水湾，面积有上万亩。明蔡羽《消夏湾记》说："山以水袭为奇，水以山袭尤奇也。再袭之以水，又袭之以山，中涵池沼，宽二十里。举天下之所无。奇之又奇，消夏湾是也。"说宽二十里，毫无疑问有些夸张过头，然而《苏州府志》说它宽三里、深九里，大概还是可信的。在很长一段时间里，消夏湾是声名更响的名胜，白居易、皮日休、陆龟蒙、范成大，一直到王鏊、王宠，都来此题诗怀古。从诗句来看，至少在唐宋时期，这里还能看到比较清楚的吴离宫的遗迹，"离宫消暑纳荷凉，西子当年纳艳妆"。可惜"此日西风最萧瑟，只馀衰柳对斜阳"。（白居易，《消夏湾》）

明月湾古码头

三山岛湾子

明月湾只有码头，而消夏湾又太大，若要想象一般意义上"湖湾"的面貌，最好去西山北端的东村。东村的东西村口，都有小港可通太湖，其中西端村口就有一座"湖湾"、一条"小港"，其形态基本上保持了历史上的原貌：湖湾呈不规则圆形，东西长315米，南北宽230米，湖湾内水质清澈，碧波荡漾，可供泊船；小港则是村民从村中直接舟船出行的通道，呈折尺形，长约240米。河港两侧以块石叠砌形成驳岸，港内河水清澈见底，岸边绿树成荫。

东西山毕竟面积较大，陆路往来也很方便，所以湖湾除了作为泊船场地以外，很多时候也完全是作为风景名胜而存在的。但对于三山岛这样的小岛，湖湾就非常重要了。岛上现在有明清时代的湖湾六处，几乎覆盖了湖湾的各种造型。三山岛上的古民居，主要分布在桥头、西湖堡、山东这几个区域，现在沿着环岛公路，很容易来往，过去只有山间小路相连；况且三山岛不大，岛民常常需要出岛到东西山去。因此，岛上这几个民居密集区，几乎都在湖湾的不远处，也就在情理之中了。

运河桥

拉纤

吴县属长江下游南岸太湖流域水系的平原水网区，河港纵横，湖荡密布，为著名的水乡泽国。县域西衔太湖，东含阳澄与澄湖，北有望虞河连接长江，南有吴淞江沟通海域，京杭大运河纵贯南北，胥江、娄江横穿东西。20多条骨干河道汇合县内20多个湖荡形成西引太湖、东入长江的自然水系，遍布县内的塘、浦、河、港又串通其间，起着调引、蓄纳和吞吐的脉络作用，构成一个较为完整的湖荡河网系统。

大运河，经无锡县从西北流入吴县望亭，其走向大致和沪宁铁路平行；至苏州城区西南侧转向南流，与苏嘉公路平行，经郭巷入吴江县。大运河在苏州附近分为两支，南支经枫桥、横塘，过泰让桥、觅渡桥，南下入吴江，该支流量大，是大运河主流；另支沿苏州城北向东流，至齐门沟通元和塘，至坎基桥沟通娄江。吴县境内长32.8公里。

宝带桥位于苏州城外南侧、京杭大运河与澹台湖之间，是大运河的牵道建筑。桥初创于唐元和十一年至十四年（816—819），南宋绍定五年（1232）重建，元代修筑为长石拱桥。明正统十一年（1446）重修为现状形制与规模。清康熙九年（1670）为大水冲圮，三年修复。道光十一年（1831）林则徐主持修缮，此后在战乱中屡受破坏，至1956年，苏州市政府拨款修竣。宝带桥用青石夹花岗石砌筑而成，全长316米，南北各有引道，桥面宽4.1米。整桥采用53孔连拱薄墩形式，桥身窄长如带，多孔连缀。中孔跨境最大者6.95米，矢高7.5米。宝带桥桥面平坦，便于纤夫行走；桥下53孔连缀，方便行船，又沟通了太湖—澹台湖—吴淞江—东海水系。结构上，宝带桥采用了"柔性墩""刚性墩"结合的技术，

宝带桥（1）

柔性墩减轻桥身的质量，而刚性墩防止整桥连续倒塌。宝带桥桥北有碑亭一座，同治十一年（1872）重建，可供纤夫、路人歇脚。桥南北引道各有青石狮一对。桥北塅与桥中央西侧税盘石上各有宋代石塔一座，塔高 4 米，五级八面，以整块青石雕凿而成，刻海浪云龙纹，每面镌有佛龛佛像。宝带桥优美的形制与水乡环境融为一体，构思巧妙，犹如"长桥卧波"；桥基采用"软地基加固法"，用木桩与桩石组合承载桥基，有利于减少陷沉；采用柔性墩、多绞拱，展现出古代匠师对拱券受力的认识之深刻。新采用的"联锁多绞拱"对微小的位移留有余量，可以有效减少温差变化、基础沉陷对受力造成的干扰。

　　宝带桥是我国现存最长的石拱古桥，其桥孔之多，结构之精巧，在中外建桥史上是极为罕见的，具有较高的历史、科学价值，更有极高的桥梁工艺价值。

宝带桥（2）

衣锦

衣锦还乡、光耀门楣的纪念性建筑

东山陆巷村的主干道，称为"紫石街"，长约 1 公里，由花岗岩条石铺成。街面磨得十分光亮，两侧古宅毗邻，库门林立，店铺栉比。在古街中段，巍然耸立着三座牌坊，前后相连，高约 8 米，却并不很宽，放在小巷上，显得有些狭窄、拥挤。这是为了纪念明代户部尚书、文渊阁大学士王鏊，在他的故里建造的三座功名坊。王鏊在明成化十年（1474）乡试、次年会试都是第一名，殿试第三名，功名分别是"解元""会元""探花"，这都一一镌刻在牌坊上。牌坊前后街边的石条上，还镌刻着"轿马上下"的记号，这是昔日骑马乘轿之人在古街上需要遵循的规矩。过了牌坊，就是王氏家族世居的惠和堂、遂高堂了。

王鏊（1450—1524），人称震泽先生，是明代有名的政治家、文学家。在弘治、正德年间，他弘扬"黜浮崇古"的文学观，尚经术、去险诡的主张，对明代中期的文学有决定性的影响。晚年，王鏊回归故里，居住在惠和堂；今天，在这里设立了王鏊纪念馆。吴中后来的文人，如唐寅、祝允明、文徵明，无不受到他的直接影响；而他充满洞察力的明亮透彻的文风，更是成为此后吴门文学的重要基调。

清乾隆七年（1742），王鏊后人修缮牌坊；20 世纪六七十年代，牌楼全毁，只剩下六根的石柱遗迹——据说，这六根石柱，采用的是谢姑山的山石。2002 年，东山镇根据保存的原牌坊照片，恢复了陆巷的探花、会元和解元牌楼。因王鏊曾官封太师、列为一品，故在重修探花牌楼时加上了"一品"两字。即便经过毁废和修缮，这三座牌楼仍然是陆巷的地标。也许是在这组牌楼的感召下，明清两代，陆巷诞生了 1 名状元、1 名探花、11 名进士和 46 名举人，近代以来，又孕育了多位中科院院士、160 多位教授。

陆巷会元牌楼

其实，虽然同属于江南文化圈，但是和皖南、浙南这些地区相比，吴地类似于牌坊的纪念建筑，其实并不太多。大家族的祠堂、士大夫的宅邸也往往刻意追求低调，即使是王鏊惠和堂这样的大宅，从外面看也只是白墙黑瓦、一道小门，并不引人注意；而像皖南的宗祠那样豪华的、极尽木雕砖雕之能事的祠门，在吴县罕有其匹。"仕宦而至将相，富贵而归故乡。此人情之所荣，而今昔之所同也。"然而吴地的士大夫往往"锦衣夜行"，并不显露功名。以王鏊的地位与声望，若是在别的地区，他所得到的表旌，岂止是这么三座局促、瘦瘠的牌坊呢？即便如此，吴人却从未忘记王鏊；从"吴门四家"，一直到几个世纪之后俞曲园、李根源的时代，人们还仍然常把王鏊的名字挂在嘴边。大约王鏊并不需要更盛大的牌坊来纪念，"铭彝鼎而被弦歌者，乃邦家之光，非闾里之荣也"。

陆巷解元牌楼

陆巷探花牌楼

第四章

自在
我的吴县

世间乐土

江南生活风景

密集的水网，将吴县的大小村镇沟通起来，形成了一整片富饶、宜居的县域空间。在这里，传统的「城乡」界限变得模糊了；整个地区之内，都形成了紧密的贸易网络、繁盛的文化氛围。正是自这个共同体中，诞生了明清时代被誉为「世间乐土」的吴门文化。

吴县范围内的景观是极其丰富的。都会、田园、河川、山陵镶嵌交织，有如锦绣。士绅、商贾、僧侣、农户、渔人云集于此，各得其乐。商品贸易、手工业、建筑业、医疗等各行各业，亦随之日趋繁荣。

便利的交通、发达的出版业，将吴门的文人社会紧密地联系起来，不仅酝酿着诗词歌赋、书画戏曲的不朽之作，更让许多崭新的艺术观念、学术思想在此激荡。待到「三千年未有之大变局」之际，以这片「乐土」作为摇篮，更多求新、求变的吴人成长起来，走出吴门，走向世界。

村镇的更新与生长

枢纽

吴门的村镇，有悠久的历史。木渎、蠡墅、明月湾，将自己的起源，追溯到吴王、西施、范蠡的时代。秦汉之际，"商山四皓"隐居江南，有些太湖沿岸的村落，传说是他们的后裔。唐宋诗人笔下的地名，像是甫里、消夏湾、横塘，现在还能找到。

这些村镇堪称古老，但它们并不显得衰朽、呆板、凝滞。因为每一朝代、每一世纪，这些村镇都在更新，都在生长。镇中没有一条街巷不留下行人的脚印，村中没有一道溪水不划过舟船的涟漪。考察一座村镇的中心与边界，可以清晰地看出历代扩张的痕迹；不同时代兴建的区域，各有不同的质地与气氛。

要考察一座村镇如何在千余年中逐渐伸展，甪直镇就是最好的例子。

甪直在唐宋时代称为"甫里"，在府城以东二十三里。这里是吴地东部的水网中心，号称"五湖之汀""六泽之冲"。整个镇是沿着棋盘状的市河扩张的——有一种说法，"甪"字就取自河网的布局。这些河道，与吴淞江、清水江等大江直通。

因为占据着江南航道的重要枢纽，从 5000 年前的崧泽、良渚文明时代起，甪直一带已有生民蓄息。此后，这一片区的居住重心一直向北发展，汉代时已有一些隐居者和庙宇。到南朝时，在今天甪直镇中心的西侧一带，已经出现了重要的信仰中心——保圣寺。唐宋间，保圣寺一带已发展为发达的集镇，高僧、名士、商贾云集；自明代起，渐向东扩，成为苏州府城与昆山之间最重要的商业枢纽，形成今日南市、中市、东市并置的格局。

信仰和贸易，是甪直镇发展兴盛最重要的两个动力。因此，镇中"贴水成街，因水就市"，屋宇丛密，街道逶迤，古桥林立，人

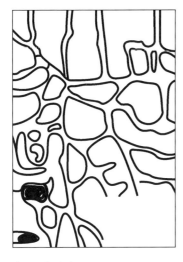

新石器时代

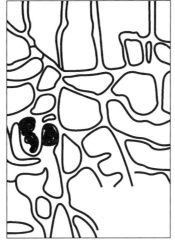

春秋战国

汉唐

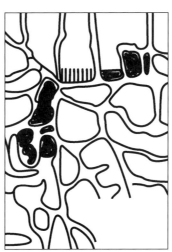

角直古镇布局演变图

（引自徐民苏等编：《苏州民居》，中国建筑
工业出版社，2018年1月第一版，第23页。）

宋

明

甪直古镇俯瞰

情淳厚。古桥、驳岸、河埠、古宅、古街、廊棚，构成了甪直日常生活的风景。

同时，甪直镇各个片区之间的差异，也比较明显。中市一带是甪直的商业核心区，水岸廊棚相接，埠头相连，食肆、酒家、商铺鳞次栉比，走几步就是一座桥。商铺背后与对面，是甪直最豪华的几座宅第，镇中名士、文人多居于此。中市西侧，西汇下塘街两岸，是甪直最早的建成区，以保圣寺、香花桥为枢纽，除了宗教、墓祠建筑外，还有唐代以来延续至今的文教设施。镇中大姓沈氏也聚居在这里。

向南到南市片区，一直通向南塘港，这里水道宽阔，是来往商船装卸粮食货物的地方，今天还保存着米行、粮仓的旧址；另外，沈家祠堂也建在这里。北侧，过"三步两桥"，西为西市，东为东市。西市是传统的居民区，商业氛围稍淡一些。东市范围极广，向东直至正阳桥，是明代以来甪直镇重点发展扩张的区域。东市河南北，商铺都贴着河岸而建，居民区则退在与河岸相隔一街的位置。此片多有大规模的宅院，还有园林旧迹。原先一些手工业的作坊，也多分布于此。

古迹 访古

吴地历史悠久且名人众多，所以吴门文人素有访古的传统。在他们的书画、诗文中，常能看到前朝旧迹的身影。寻访史书、方志、文献中提到的地点，考辨真伪，集资修缮，勒石纪行，历来认为是雅事。清代的毕沅、俞樾，都深受此风的影响。近代的李根源、叶圣陶则延续了这一传统，今天我们能看到的很多史迹，都是李、叶二公爬罗剔抉，而为天下所知的。

可惜江南气候潮湿，并不利于木质建筑的长期保存。许多历史悠久的名胜，如今已是历代修缮、更替后的面貌了。保存宋元遗风的建筑，只在轩辕宫、保圣寺、云岩寺等少数几处，而且难免沾染些后代的风格。要想接触更"原汁原味"的吴风，不妨寻找更易保存的砖质、石质建筑。其中，又以天池山寂鉴寺保存的三座石殿，尤为珍贵。

天池山很早就是闻名江南的名胜。南朝宋时，会稽太守张裕就在此寓居。南宋乾道年间，秘书监张廷杰在这里修建别墅，创建园林、亭馆。元至正十七年（1357），"寂鉴禅庵"在此创建，历代修缮、扩大，成为今天的"寂鉴寺"。寺略呈圆形，环砌乱石墙。三座石殿中最著名的"西天寺（神祐殿）"就建在寺内，另两座稍小的"极乐园""兜率宫"则在寺外依山岩而建，东西相对。

根据碑刻、题记，三座石殿是从建寺之时就开始修建的。居中的西天寺，坐北朝南，凸字平面，单檐歇山顶，面阔进深各三间（明间有小柱两根，以减少跨度），不施斗拱，下基石座，后依山岩。其东西两山，各有四抹头格扇门，内嵌石碑，有"神祐殿"大字及"天池山寂鉴寺禅庵题名记"碑，说明建殿的时代与因缘。

西天寺最值得关注的，首先是室内的屋顶。这个屋顶由六个大

寂鉴寺

寂鉴寺石殿（1）

小、形式不同的藻井组成，次间是海棠线袅混线脚，或是嵌套的八角形与矩形线脚。明间前藻井稍复杂些，饰云纹、盘龙纹。最高大华丽的是明间后藻井，其外廓正方，而向内收敛为八角形，最终收为圆形，自边至顶，共十一层，均以袅混线脚、"霸王拳"式耍头、斜拱及"巴达马"式短柱出跳，逐层收缩构成。中央圆形藻井，饰有太极、卷叶莲花、如意头等，让人联想起藏传佛教的装饰。据说，殿内原供奉地藏王菩萨，惜已不存。石质佛龛及供案尚在，皆作须弥座。

西天寺更可贵的地方，在于它在屋脊背后的"龟头屋"。这个龟头屋，是垂直于屋脊而向后伸至山岩方向的小屋顶。设置龟头屋，应该是为了抬升明间后方的屋顶高度，以给上文提到的"明间后藻井"留出空间。龟头屋是宋代流行的做

寂鉴寺石殿（2）

寂鉴寺石殿（3）

扫码观赏数字江南

法，但是这里将它的屋顶卷作弧线，却是别处没有的做法，只在绘画上见到过。日本后世所谓的"唐破风"，可能源自这种做法。

东、西石屋的规模要小得多，皆面阔一间，进深半跨，台基、梁架、屋顶都较简单。可贵的是，两屋内各有斧斫山岩而成的佛像，东为弥勒佛，西为阿弥陀佛，都是元代风格。从现场看，应当都是先依山岩凿出造像，再围砌小石屋遮蔽。这种做法，更像是"石窟"与"石殿"的中间形态，使人联想到杭州灵隐寺的飞来峰石刻。

吴地石质建筑并不少，但多为石塔、石桥。完整的元代石屋，省内仅此一处。观其柱身，几无侧脚、升起，但仍略有卷杀，正是由唐宋而入明清的过渡特征。角梁末端翘起，可能是后世吴地"嫩戗发戗"的先声。

后世的寂鉴寺，是围绕着前面说的石殿、石屋不断扩张的。因是在山坡上建寺，所以道路、布局不完全对称，比较自由。与其说是寺院，更像是一座园林。中古时代，中国各地都开凿石窟，又在石窟以外修建复杂的"窟前建筑"，例如南朝剡溪的石城寺大佛就在"龛前架三层台"。此后，这种做法日益少见，只在栖霞山等地能够看到了。

"文革"时，西天寺曾用作羊圈。1979 年，农民闵大宝与当地军人一起开始修整此殿，到 80 年代，已经完全恢复了。吴人好古，古今皆然，此即一例。

作为村镇信仰中心性质的寺庙

烧香

　　历史上的吴地，宗教活动盛行，宗族制度完整，曾有过难以计数的佛寺、道观、神庙等建筑。迄今为止，仍有很多保存完好。

　　"紫金庵"，位于东山镇西卯坞内，又名"金庵寺"。寺院四周，冈峦起伏、花木茂盛。据明人《洞庭纪实》记载，"昔有胡僧沙利各达耶于此结庵修道，玄宗时诏复修殿宇，装金佛像"，说明该庵始建于唐代，庵内现有一块"唐示寂本庵开山和尚诸位觉灵之墓"的碑石，乃唐代旧物。现尚有山门、大殿、净因堂、听松堂、白云居、晴川轩等历史建筑，其中大殿中保存着彩塑罗汉像、佛像，是全国重点文物保护单位。大殿后壁坐像和四大天王像，传为明末手艺人邱弥陀所塑；殿内的十六罗汉，相传是南宋民间塑手雷潮夫妇的作品。

　　紫金庵罗汉是国内著名的古罗汉塑像之一，在继承前代罗汉画和罗汉塑像的基础上，既以丰富的想象力，表现了不同年龄、性格、经历的佛教弟子皈依佛法、修炼传道的情况，又把现实生活中的喜怒哀乐熔铸于罗汉形象之中，使这些塑像更富于人情意趣。罗汉每尊高约三尺四寸，造型比例适度，面部表情细致入微：有假寐、沉思、讪笑、虔诚；有喜、愁、威、嗔等各种姿态。如"降龙"罗汉中，三尊罗汉目光都对着柱头的蛟龙："降龙"罗汉正在作法，状貌威武，面呈紫色；旁边的两尊罗汉，一个表示钦佩，一个不屑一顾，组成了一组生动的画面；"伏虎"罗汉也很别致，他满脸堆笑、若无其事，但是一只斑斓猛虎被他驯服在脚下，显得非常渺小。再如第十八尊者的"愁"与第十五尊者的"笑"、第十尊者的"温"与第二尊者的"威"、第十二尊者的"动"和第十尊者的"静"，神态对比强烈，富有变化。装銮选用矿物颜料，泥金沥粉，做工极精；

紫金庵

又以兰叶描和铁线描等手法把罗汉的内外衣交代得十分清楚，层次分明，衣褶流畅，质感强烈。如右壁一尊诸天，用三个手指轻轻托起一块经盖（绣花绢帕），其皱纹自然下垂，大有风吹欲动之状，"精神超忽，呼之欲活"。

司徒庙位于苏州市太湖度假区光福镇吾家山下，相传，汉代大司徒邓禹曾隐居于此，山人建司徒庙以示纪念。司徒庙始建无考，明宣德十年（1435），里人顾进曾倡捐重建，正统三年（1438）建成后又经多次修葺，现尚存庙宇殿屋两进

司徒庙（1）

司徒庙（2）

共二十余间，均为清代和近代所建。司徒庙以古柏而闻名，院内四株古柏，相传为邓禹手植，姿态各异，虽经千年风霜，仍遒劲壮观。据传，清乾隆南巡至此，见此四株古柏后叹为观止，分别赐名为"清""奇""古""怪"。以致李根源先生将司徒庙之古柏、拙政园文徵明手植之紫藤、苏州织造府之瑞云峰、环秀山庄之假山，并称为"苏州四绝"。

此外，古柏园长廊内还镶嵌有一部明代的《楞严经》刻石。此石刻成于崇祯年间，清康熙年间赐额，原置于光福下绞狮林寺中，后寺废，石刻于1976年迁至司徒庙中。石刻长87—92厘米，宽22—31厘米。全套84块，现剩83块，是一部完整的明代石刻经卷。这部石刻，是由当时著名画家王时敏等书，吴门刻石名手章懋德镌刻，因而字迹匀称而精正，刀法流畅。另外，庙内还存有康熙御书"松风水月"碑、林森手书"般若船"碑等。

保圣寺位于苏州市吴中区甪直镇。据《吴郡甫里志》载，寺创建于梁天监二年（503）；《苏州府志》则称："唐大中年间（847—859）建，宋熙宁六年（1073）重修。"后元、明、清三代，均有修葺。

天王殿，系明崇祯三年至四年间（1630—1631）在原宋代殿址上重建的。面阔三间，进深七檩，单檐歇山式。

尊胜陀罗尼经咒石幢系唐大中八年（854）建，宋绍兴十五年（1145）重立，幢青石质。经幢下为基石，其上为束腰式须弥座，刻莲瓣纹，幢身八边柱形，刻《尊胜陀罗尼经》，幢身以上共十级，有华盖、联珠、莲瓣、束腰、八角攒尖盖等。以飞天、云头纹圆盖结顶。各级饰佛教题材图案。幢身以上的各级尺度逐级递减。该经幢比例适度、造型端庄秀美，具有极高的艺术价值。

陈列保圣寺罗汉塑像的古物馆，是一座在1930年所建民国建筑的基础上重修的单檐歇山式建筑。面阔14.4米，进深14.6米。现存的九尊罗汉与塑像置于馆内后壁，是全国重点文物保护单位。

保圣寺（1）

保圣寺（2）

保圣寺罗汉塑像是我国雕塑史上一颗璀璨的明珠，具有极高的历史、艺术、科学价值。塑像以其精巧的设计和写实传神的雕塑手法，充分显示了我国古代雕塑大师高超的艺术创造才能。从整体设计看，该塑像突破了一般寺院常见的单个依次排列的形式，将罗汉群像分列穿插在一座立体感极强的塑壁之中，而塑壁则被设计为从海水云气中涌出的岩岛，重岩叠嶂、奇峰兀立、浪涌云翻，构成浩莽博大的气势，且众罗汉穿插其间，俨然一幅气势宏伟的山水人物壁画。正是这种独特的形式，有力地烘托了罗汉超脱的生活气氛和精神气质。

手工业流派活动区域

学手艺

唐宋时期，吴地已经有了发达的手工业——酿酒业、造纸业、编织业、制灯业等，都有一定的知名度。宋徽宗时，又在苏州设织锦院，工匠众多。当时，甫里、浒墅等市镇，编席业颇为活跃，所产花席被列为贡品；在吕山，制药业兴盛。这一时期，吴门已是"五方毕至，岳市杂扰"的工商大都市，米行、果子行、鱼行、丝行、荐行、醋坊、铜坊、绳坊、瓶场等工商行作，以及水团、雪糕、沙糕、豆糕、酒、油、家禽、胭脂、珍珠、绣线、罗、毡、幢子、蒲帆、弹子、乐鼓、乌盆、石灰、砖、织纱、金银、杉板等众多名目的专业店铺，都齐聚于城中。"民物丰阜，商贩骈集，百工之事咸具。"

在这种背景下，师徒之间、同业者之间，开始出现一些初步的"行业组织"，这是江南城镇社会变革尤为引人注目的现象。尤其是在手工业领域，"行""团""作"等组织十分活跃。《梦粱录》记载："市肆谓之团行者，盖因官府回买而立此名，不以物之大小，皆置为团行，虽医卜工役，亦有差使，则与当行同也。"另外，手工业自府城内向外转移、扩散的同时，整个吴县境内在比较优势的基础上逐渐形成了"地域分工"的机制。到清代中期，城市手工业在苏州经济中已经居于主导地位。这种变革，就是傅衣凌先生所说的明清时代"苏杭型"城市发展模式。在这种情况下，府城以外的市政中，既出现了具有集市性质的期日市，也出现了相对独立、完整的工商业街区、街市，以及与之配套的市政设施。

吴县建筑业历史悠久，尤以明代蒯祥为代表的香山匠人更为突出，他们因建造北京天安门、故宫三大殿和裕陵而闻名全国，其建筑艺术代代相传。清代至民国，苏州的一些名观大刹和富豪巨宅，都出自香山匠人之手。清末民初，姚承祖是继蒯祥以后又一个香山帮建筑大师，他毕生营建的楼厅馆阁、寺观宅第不下千幢。他在苏州工业专科学校任教授课时的讲稿《营造法原》，对中国传统建筑和园林建筑做了比较系统的总结和阐述，在中国传统建筑学中影响颇深，具有较高的学术价值，至今还是古建筑设计施工的重要范本。

吴门名医遗迹

防疫

医药行业在吴地一直比较发达。宋时，已经出现了许多专营的药铺。如绍兴七年（1137），内侍李从之退闲后，在吕山经营大药铺，"尼徒数百人""他州异县来者众"。（《李从之墓志铭》）《夷坚志》中，也提到了饮马桥南的"江氏熟药铺"。陆游曾在江南写道："卖药村村市，炊粳处处家。"可见制药生意之普遍。另外，宋代还出现了一些医药从业者的准行业组织。

吴人素重慈善，随着医药行业的发达，为贫民提供医药救济的现象也日益增加。北宋龚明之《中吴纪闻》载，巨富朱冲广施钱财以济街区贫疾之人，"每遇春夏之交，即出钱米药物，募医官数人，巡门问贫者之疾，从而赒之。……诸延寿堂病僧，日为供饮食药饵，病愈则已"。朱冲原本是"收拾毁弃及破缺残器物沿门贩鬻"的小贩，后来积蓄资本，改做药肆生意，遂致大富，因而对贫穷之人的处境颇有感受。

对抗疫情，更需要医药。崇祯十四年（1641），全国瘟疫横行，席卷南北直隶、山东、浙江等地。在吴县，病亡率一度高达70%。这时，东山的医生吴有性深入疫区，研究"抗疫"。他提出"古法不合今病"，提出瘟疫并不只是"寒暑暖凉""四时交错"的"戾气"，而是有其病原体，因人群聚集而导致流行，通过呼吸道、消化道传播，造成脏器感染。这部360多年前成书的《瘟疫论》，被认为是古代中国传染病学的先驱。

民间演艺

观艺

在吴地的村镇间，流行着许多曲艺形式。很多曲艺表演，并不是由全职的演艺人员呈现的，而是在迎神赛会、婚丧嫁娶、乔迁新居等重大场合，由村中能歌善舞者排练演出。一直到明清时代，职业化的、师徒传授的班子、搭子才逐渐成为主流，或在各村镇间巡回演出，或驻扎在山塘一带的戏场中。

宋室南迁，一批中原大族定居东山，带来中原文化和各种民俗艺术，台阁表演即为其中之一。东山台阁起源何时，已不可考，盛行于清中期则是无疑。台阁由小演员、道具和出巡仪仗三大部分组成。台阁属于一种高空杂技表演，一般由4—8岁的孩童扮演多种戏剧角色，由大人抬着，在两米多高的空中表演。

台阁的制作甚是复杂。首先要根据剧情需要特制一铁杆，下部插入座子中，上下分二至三节，用榫头衔接，上下铁杆各吊一只小椅，容纳演孩之座，用整幅布将演孩的下半身连椅紧紧裹住。台阁由四人合抬，缓步而行。因为小椅是吊着的，可以灵活转动，看上去优哉游哉，逗人发笑。演者分为上下两层，分别立于三尺见方的特制木质座子上，按剧情需要手持各种道具。

清明前后，东山所有自然村都要出一次台阁，道具、行装和小演员的造型各不相同，以祈求是年风调雨顺、蚕花茂盛、五谷丰登，俗称"三月会"。

在洞庭东山一带，猛将神崇拜十分盛行，明清时期前后山有数百座大大小小的猛将堂。村村有神像，家家参与祭赛、猛将出巡，《清嘉录》称为"待猛将"，当地则称为"抬猛将"。车锡伦等在《中国宝卷研究》中分析了猛将信仰的流布："据目前调查，猛将信仰主要流行于江苏南部的苏州、常州、无锡等市和镇江市的部分

台阁　　　　　　　　　抬猛将

地区，浙江北部的嘉兴、湖州市及上海市的部分地区，大致以太湖为中心。由于太湖渔民包括了'苏北帮'，所以这位神君也被带到苏北。"吴县地区不但是猛将信仰比较集中的发生地和衍化地，而且各乡各村还有着地方特色。

　　所谓"宣卷"，就是宣讲宝卷，元以来僧徒讲唱宝卷，就称为宣卷。宣卷起源于唐代的"俗讲"和宋代的"谈经"，历史十分悠久。宣唱宝卷在明代十分盛行，且与诞生、祝寿等礼俗活动结合起来，逐渐成为民间礼仪习俗不可或缺的组成部分。清末民初，宣卷扩展到以上海、杭州、苏州、绍兴、宁波等城市为中心的广大江南地区，其内容由原来专唱佛教故事，逐渐以演唱民间传说故事为主。宣卷是苏南民间艺术的奇葩，多用吴方言演唱，以唱词雅俗共赏、曲调婉转动听

宣卷

而深得民众的喜爱。宣卷演出主要活跃于 20 世纪前期。民国时期，有宣卷艺人加入了丝弦伴奏，形式与当时盛行的滩簧相似，俗谓之"文明宣卷"。妇女们既喜欢滩簧的洋洋盈耳，又喜欢宣卷的好说吉利话，故文明宣卷在吴县城乡尤为盛行，每逢盖房、满月、祝寿等喜庆活动，宣卷班子常常赶来做堂会。

地区性的信仰中心

祷告

除了佛教、道教、关帝崇拜之类比较普遍的信仰以外，苏州各个村镇往往还长期存在着地方性较强的信仰与崇拜，"一乡一里，必有祠庙焉"（《唐国史补》）是中古时代就有的现象。诸多民间神祇中，比较流行的有当地城隍崇拜、"猛将"崇拜、东岳崇拜、伍子胥崇拜、总管崇拜等。有些祠庙供奉的对象，其"管辖范围"可能仅仅限于本村之内，甚至其本身就是村中先祖、名人的化身。较高级的总管神，有时还"统辖"着较低级者，如同现实世界中州县长官统辖着乡镇胥吏一般。

某一民间信仰的分布范围，可能涵盖多个村镇。这种情况下，往往会自然形成一个信仰的中心，每年定期举行迎神赛会的活动。"每当报赛之期，必极巡游之盛。……虽或因俗而各异，莫不穷侈而极观。"（《巢林笔谈》）这样的活动，不只是为了抚慰当地乡民的心灵，更是为了提供一个机会，让大家聚餐、娱乐、观看演出、进行小商品交易等。"每称神诞，灯彩演剧，陈设古玩，稀有之物，列桌十数张。技巧百戏，清歌十香，轮流叠进。……抬神游市，炉亭旗伞，备极鲜妍；台阁杂剧，极力装仿。"（乾隆，《苏州府志》）

每年这个时候，这些作为地方性信仰中心的祠庙周边，就会出现临时或半永久性的集市。例如，每年的农历三月二十八日，俗为"东岳神诞辰"。每逢此时，"赛会于庙，张灯演剧，百戏竞陈，游观若狂"（《清嘉录》），"前后十余日，士女拈香，阗塞塘路，楼船野舫，充满溪河。附近村坊各以船载楮帛，鸣金、张帜，交纳庙内，堆积如山"。甚至早前吴地戏馆不多，往往要在临时设置的卷梢船上演出，每逢此时，沙飞船、牛舌船云集于虎丘山塘，以至有覆溺之险。所以，清中期开始，在山塘街一带有人"架屋为戏馆"，随后群起仿效，不久戏馆即多达30余家。不过，水上的迎神、赛会、集市等现象，一直持续到20世纪。鲁迅笔下的"社戏"，虽为越地旧事，然而吴县水乡风情，与之相差无几。

由于这些民间信仰往往仅限于某一小片区范围，甚至不征于正史，其源头无从考证，所以有些文人说吴地是"信鬼神、好淫祀"之乡。但由这种批评，也可侧面看出民间信仰的发达。即使是名不见经传的神灵，有时也能有大量信众。例如昆山县每年四月十五举办马鞍山山神诞祈会，"自山塘至邑前，幕次相属，红翠如画，它州负贩而来者，肩袂陆续"。再如"金总管信仰"，原型是"金元七，前元长洲民，世出一人，生有神助，专拯垫溺之患，年四十上下死，辄著灵异。今其地曰金家庄，一曰有二子，痘大，因愿没身为神，救危痘。七月七日，赴周泾河死显。国初封金元七总营，万历初封，专管痘司"（《枣林杂俎》），是舍身救痘（大概是天花）的英雄人物。

吴地史志中的传奇人物、苏州城的创建者伍子胥，更是很早就成了民间崇拜的偶像。唐代时，已经有一些祭祀伍子胥的"胥王庙"。在东山杨湾村，原先就有一座"吴相伍大夫庙"，传说建自唐贞观二年（628）。靖康之难后，宋室南渡。其时，赵构与官军分道，路经太湖，此时狂风大作，即将迷航倾覆。直至祈祷到伍子胥的名字时，风浪才平复下来。安全上岸后，赵构封伍子胥为"忠武英烈显圣安福王"，将原先的吴相伍大夫庙大加扩建，当地人杨嗣兴也"捐地若干亩，益恢其故"（《江南通志》）。此后，这座庙成为东山岛上一个极有影响力的祠庙，因为宋代以后，"宫"的级别是高于普通道观的，必须或者是由国家出资建造，或者是由上层人士资助建造并由国家赐额，才能称为"宫"。

民国《吴县志》接着叙述了"胥王庙"后来的经历。元末，当地人重建胥王庙（一说在1338年），此后不久，吴地为张士诚所占，终为朱元璋所灭，这期间，"胥王庙"受到了很大的破坏，后来又加以修缮。现在所看到的庙宇，是清顺治十二年（1655）修缮后的版本；民国时，此庙改名为"轩辕宫"，所以今天通称为"东山轩辕宫"。

轩辕宫（1）

轩辕宫（2）

轩辕宫特别值得我们注意，既因为它是洞庭两山伍子胥崇拜的中心，更因为宫内保存着一座罕见的元代建筑——轩辕宫正殿。

正殿是单檐歇山顶，"澈上明造"。面阔三间13.74米，进深九檩11.48米，近似方形。殿前有月台，台正面设有青石栏杆，北面有踏步，南临上山道，设有台阶。正门前台阶四级，两侧有"副子"。殿出檐甚深。殿中均用木柱，略如梭形，柱头多有卷杀，不尽相同，显现出修缮的痕迹。金柱高6.2米，檐柱高3.9米，角柱高3.98米，似微有生起、侧脚。

轩辕宫的斗拱是五铺作双下昂，后尾偷心，昂下用真华头子、靴楔，与玄妙观三清殿相似，一派江南风味。斗拱后侧，用挑杆两根，一上一下，后尾压在下金檩下，作用类似于真昂，其昂嘴及断面有元风。但是，正面明间二攒、南面第二间一攒不如此制，头昂为假昂，挑杆变成上昂性质的斜撑，不穿过正心枋，这可能就是后代更换的结果了。另外，明间下下檩用"断材"，也是有地方特点的做法。

轩辕宫正殿雄踞山垣，面迎太湖。其素覆盆础、梭形金柱、卷刹檐柱，以及斗拱、梁架中相当一部分，均系元物。保存至今的宋元木构建筑，在江南极其罕见，所以，轩辕宫已被列为全国重点文物保护单位。其架构之壮阔而深秀，也是后世祠庙建筑所不能及的，特别是被加粗强调的四金柱之间围合的梁架空间，森严而使人生畏。明代《苏州府志》说："东南寺观之胜，莫盛于吴郡，栋宇森严，绘画藻丽，足以壮观城邑。"这种森严、藻丽、壮观的景象，只有在轩辕宫内，斗拱之下，远隔欢门窗、障日板，俯瞰太湖之际，略可想象之。

扫码观赏数字江南

名山名胜

游山

吴县枕山临水，四季有风光，所以吴人有郊游的习俗——春节走亲访友，二月邓尉探梅，三月踏青游春，四月轧神仙，五月端阳划龙舟，六月赏荷黄天荡，七月七夕乞巧，八月石湖串月，九月重阳登高，十月天平观枫，腊月要到寒山寺听钟声……总之，无论哪个月，都有外出游览的理由。况且，每逢良辰佳节，就算是私家园林，也往往对外开放，"纵士女游观"。

在吴县，人人都是旅行家，处处都有好景致。而且，吴人出游，很少只看纯粹的自然风光，而一定要有凭阑吊古的雅趣，才称得上"游"。如城西北的虎丘山，早在宋以前，就有"天下名山，所见不及所闻，独虎丘，所闻不及所见也"的流行语。这是因为山上有试剑石、点头石、千人坐等古迹，只远看而不登临是欣赏不到的。

光福镇吾家山的邓尉山，亦是一例。据说，东汉太尉邓禹曾隐居于此，因而得名"邓尉山"。这里自古就是赏梅的名所，康熙三十五年（1696），江苏巡抚宋荦登临此山的吾家山一段，见梅花似海，暗香浮动，如"雪海波千顷"，于是在此镌下"香雪海"三字。从此，"香雪海"就成了这片美景的代名词。

每到梅花盛放时，由香雪海拾阶而上，一路见到历代修建的许多亭馆。其中最引人注目的一座——梅花亭——则是近代吴中最重要的匠师姚承祖的手笔。

梅花亭坐落在吾家山大约半山位置。此亭造型极罕见，作五角攒尖顶，然而五角中的每一"瓣"都还向外伸展，形成弧线。亭高二丈余，基础也如攒尖顶，做出五瓣梅花。后檐柱之间，砌有墙，又开梅窗。亭内顶部，设"梅花藻井"，层层收进，宛如梅雪天宫。整座亭子各部分，都做出梅花造型，瓦、柱、栏、檐口、藻井、底

香雪海梅花亭

面，均如梅瓣，仿佛全亭就是一片梅花幻化而成。只有屋顶"宝珠"位置，作一梅花台，上栖一鹤，寓意"梅妻鹤子"。

明清园林中，以"亭"最见匠师之功力。盖厅堂、馆舍，虽能调整大小尺度、细部装饰、轩架做法，但终有一定法度，不可随意造次。唯独亭，各个构件，皆可随意扭转、增减，做成圆形、弧形、曲尺形、多边形，皆无不可；砌墙、开窗，还是完全敞开，亦端看造园者权衡。而这座"梅花亭"，之所以能如此随意挥洒，而浑然天成，正是因为其设计者姚承祖，乃是明清吴门匠艺的集大成者。

姚承祖的匠学脉络，源自香山帮。"水木匠业，香山帮为最。"香山帮是明清江南乃至中国最有影响力的建筑工匠团体。香山是太湖岸边的一个村镇，"吴中土木之工，半居南宫乡（即香山）。"香山匠人代代相传，其中蒯氏、姚氏、李氏是最有影响力的几个家族，姚承祖就是姚家的后人。

姚承祖（1866—1938），字汉亭，号补云，吴县胥口乡墅里村人，11 岁随叔父姚开盛学习木作，长年营建于乡郡间，其所设计营造的亭台楼阁不胜枚举，如木渎严家花园、灵岩寺大雄宝殿、怡园藕香榭，皆是经典之作。更重要的是，民国初年，姚承祖组织成立了苏州鲁班协会，又创办了梓义小学、墅峰小学，为工匠子女开展文化教育。

1923 年，江苏省立苏州工业专科学校创设建筑科。受邓邦逖聘请，姚承祖走上高校讲台，讲授"中国营造法课"。为便于讲授，姚承祖编写了教材《营造法原》，而这部著作，成为香山帮现存最完整的建筑文献。为编写此书，姚承祖兼采香山帮众家之长，遍考吴地古迹。后来中国营造学社社长朱启钤说："《营造法原》书中所辑住宅祠庙，佛塔泊岸，及量木计围诸法，未见官书，足传南方民间建筑之真象……虽限于苏州一隅，所载做法，则上承北宋，下逮明清，今北平匠工用之名辞，辗转讹误，不得其解者，每于此书中得其正鹄。然则穷究明清两代建筑嬗蜕之故，仰助此书正多，非仅传苏杭民间建筑而已。"

祠庙与墓庐

怀古人

吴人世代守护先贤遗迹，特别是对教化民众、启迪民智的教育者，予以最崇高的尊重。所以，虽然吴中有许多名人的墓祠，如钱元璙墓、徐学谟墓、董其昌墓、冯桂芬墓、金圣叹墓等，但保存得最完好，而且历代屡有修缮、扩建的，只有陆龟蒙、范仲淹二公的墓祠。由于后人的思慕与纪念，两人的墓祠都已伸展为一整片纪念性的园林。

陆龟蒙墓园在吴县甪直镇保圣寺西院原白莲寺旧址内。陆龟蒙，字鲁望，自号甫里先生等，举进士不第，曾为湖州、苏州刺史的幕僚，后边赋诗论著，边从事农业，《新唐书》记载，他常与农民一起耕种，研究农具。陆龟蒙墓地约二亩，坐北朝南，有墓冢、墓碑、墓道、斗鸭池和清风亭等。墓前存有石槽二只，相传是陆龟蒙当年喂鸭遗物，称作"斗鸭栏"。

范文正公忠烈庙位于天平山下，这里是宋代政治家、文学家范仲淹祖茔的所在地。"文正本苏人，坟山祠宇新。"这里现有忧乐坊、石桥、水池、仪门、碑亭、正殿，最后有三太师祠，纪念范仲淹的父亲范墉、祖父范赞时、曾祖父范梦龄，他们分别被追赠为"周国公""唐国公""徐国公"。在碑廊内，复刻有《范文正公义庄规矩》等历代碑刻。

陆龟蒙墓

范文正公忠烈庙 先忧后乐坊

战场遗迹 对垒

吴地是长江下游极关键的战略要地，自古多有征战，留下不少遗址。近代以来，又有许多文人学者钩沉古迹，使许多昔日的战场重现天日，其中就包括西山的"角头寨"遗址。

角头寨位于西山角里。相传汉代的角里先生隐居于此，角里村因而得名。北宋时，就因这里位处太湖航道的要冲，设立了角里巡检司。李根源先生的《吴郡西山访古记》云："角里洲以湖防言，实为湖中第一要地。"角里北端的郑泾港，历史上是江苏、浙江两省治安防护的界河，港西防护属浙江省管理。

郑泾港口有千年古寺禹王庙，庙旁的地面上有宛如菜籽大小的铁色砂粒，相传是大禹当时铸釜造剑斩蟹龙时留下的。在这里的大埠岭头有清巡检司的湖防营地，山岩上镌刻着李根源先生所书的"角头寨"三字隶书题刻。禹王庙外沿岸还有太平军屯兵的土城，太平军侍王李世贤曾在此架火炮击败过清军东山总兵王之敬。

太平军土城遗迹

在浒墅关兴贤桥南、运河西岸的文昌阁土丘上，也曾有一道太平军筑造的营垒。1860 年至 1863 年间，太平军曾在此地构筑一道高 3 米余、厚约 1 米的砖墙，用于扼守运河、屯储粮草。北面沿河正门之内还筑有类似月城的砖垒，东南角有辟门，下通水池，门上有阳文砖刻"草园"两字。砖墙营垒虽已于 1958 年被拆毁，仅留残迹，但太平军进驻过的文昌阁前后两殿及两厢尚存，均为清代硬山顶建筑，屋顶还可见到太平天国特有的龙凤纹瓦当、滴水。

太平军对吴县的历史有很大的影响，而镇压太平军的一方也留下了诸多痕迹。例如同治二年（1863）为镇压太平军方便，雇佣军"常胜军"的英国将领戈登拆去了大运河宝带桥中间的大孔。又因桥的结构设计，各拱乃是连续受力，因而 26 孔随之接连倒塌。

抗战与革命史迹

赴国难

吴门是锦绣地，是温柔乡，然而吴人绝非软弱之辈。历代吴门，名将辈出，"四面边声连角起，长烟落日孤城闭"是吴人的心胸，"观古今于须臾，抚四海于一瞬"是吴人的豪情。五山之铁精、六合之金英，铸成干将莫邪的金石之质。把吴钩看了，栏杆拍遍，正须收取五十州。历代抵御外敌，反抗侵略，吴门都是中流砥柱，是最坚强的堡垒。故古人云："吴郡之于天下，如家之有府库，人之有胸腹也。"

近代以来，在抵御内外压迫与侵略的斗争中，吴地军民厥功至伟。河网纵横、沼泽密布的吴中，正是游击作战抗击敌军的最佳舞台。抗战爆发后，从太湖到澄湖，一百里间，抵抗日寇的英雄遗迹数不胜数。其中，又以发生在太湖畔的"冲山突围"最为世人所知。

冲山是太湖中的一个孤岛，北靠光福潭东，东南遥对胥口渔洋山，西南即漫山岛，全岛只70余户、近300人，面积不足3平方公里，交通不便，进出都需乘船。四周芦苇丛生，水天一片。抗日战争后期的1944年秋，新四军太湖游击队为了恢复苏西的抗日力量，在冲山训练骨干。后由于有人叛变，9月9日下午，日寇纠集了苏锡日伪军，包围冲山，企图一举扑灭太湖地区的抗日力量。

太湖游击队和民兵在苏西县委书记、太湖游击队司令员、县办事处主任薛永辉的指挥下，分散隐蔽在湖边的芦苇丛中，与日寇展开了殊死斗争。在战斗中，20多名战士壮烈牺牲，部分战士分批突围，并在岸上袭击敌人据点，以解冲山之围。薛永辉带领五位战士以坚强不屈的精神与敌人周旋，整整坚持20天。一无所获的敌人被迫撤走。薛永辉带领浑身浮肿、衣服都烂成条的四名战士走出芦苇塘，粉碎了敌人的罪恶企图。这就是彪炳史册的"冲山二十日"。

新四军太湖游击队纪念馆

维新者的足迹

看世界

自古以来，吴地就是新思想、新风尚的策源地。19 世纪以来，商品经济发达、城镇化程度较高的吴县地区"得风气之先"，是全国较早开始迈入现代化进程的地区。这一时期，吴县孕育了许多求知、求新、求变的思想家、改革家与实干家。他们不仅振聋发聩地召唤世人"开眼看世界"，而且身体力行，以实际举措推动吴门步入近代社会。

中国最早主张维新思想的王韬、薛福成、冯桂芬皆为吴人，他们的主张与举措对近代吴地产生了深远的影响。

冯桂芬（1809—1874），字林一，号景庭，清道光二十年（1840）进士，官至右中允。冯桂芬出仕时，正是外国列强用坚船利炮轰破了清廷大门、纷至沓来之际。他对中华民族的危机忧心如焚，毅然撰写了《校邠庐抗议》一书，对当时的财政金融、土地赋税、官吏选拔、对外贸易、工农业生产等方面提出了一系列改革主张。这是中国资产阶级产生之前的第一部带有改良主义色彩的政见书。

《校邠庐抗议》主张以新颖的考试与推荐相结合的方法选拔优秀人才参与政权。"以中国之伦常名教为原本，辅以诸国富强之术"的理论，借助资本主义的技术来维护清王朝的封建统治。他的这些改革主张对后来的洋务运动、戊戌变法产生了积极的影响，成为洋务派的先驱。而冯桂芬在写成这部力作以后的同治初年，购得原礼部侍郎沈德潜的木渎旧宅一幢，且自命为"校邠庐"；后来，冯桂芬一直在木渎家撰书立说、讲学授业，著述甚多。

冯桂芬故居

王韬纪念馆

　　王韬（1828—1897），原名利宾，字懒今，后更名韬，字仲弢，别署弢园老民等。同治十三年（1874），王韬创办了中国第一份政论为主的报纸《循环日报》；他自任主笔，成为中国第一个报刊政论作家；在《循环日报》上发表的政论文章，后来整理成《弢园文录外编》，是中国历史上的第一本报刊政论文集。他还是第一位以个人身份对欧洲进行实地考察的中国知识分子。王韬积极传播西方文化，呼唤改革开放，要求变法图强，是近代早期改良派最有影响力的思想家。

　　步入 20 世纪，更多的有志者躬行实践，创办实业。如沈柏寒（1884—1953），名长慰，字伯安，出自甪直号称"沈半镇"的沈氏家族。其祖父沈宽夫在光绪年间重建甫里书院，由此，沈柏寒从小得到名师指授，打下了坚实的旧学根基。1904 年，21 岁的沈柏寒东渡日本，进入早稻田大学攻读。在日期间，

沈柏寒旧居

他学得新知识，结识了同盟会会员于右任等一批志士。回乡后，沈柏寒怀抱教育救国的志向，开创了甪直最早的新式教育，创办了甫里小学，建造了"培本"幼稚园，以全新的观念与方法培养青年。另外，沈柏寒积极倡办实业，在他的参与下，甪直创办了电灯厂、电话局、碾米厂、面粉厂。抗战期间，他组织"自励社"以持气节。新中国成立之初，沈柏寒作为特邀代表，参加了第一次苏南政协会议。

王韬、冯桂芬、沈柏寒、李根源、叶圣陶等开拓者，都在吴地有故居存世。冯桂芬的"校邠庐"、王韬的"韬园"、沈柏寒的"乐善堂"，以及叶圣陶任教的学校旧址，如今都作为纪念馆开放。他们"天下何以治？得民心而已！天下何以乱？失民心而已！"的大声疾呼，至今仍回响在吴门山水之间。

典型古村落、建筑
航拍影像

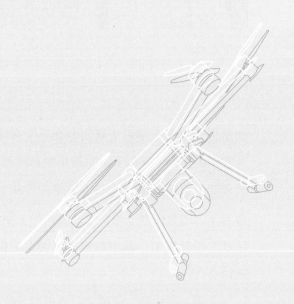

陆巷古村航拍影像

双桂楼

世和堂

会老堂

惠和堂

粹和堂

三有堂

春庆第

遂高堂

鉴山堂

宝俭堂

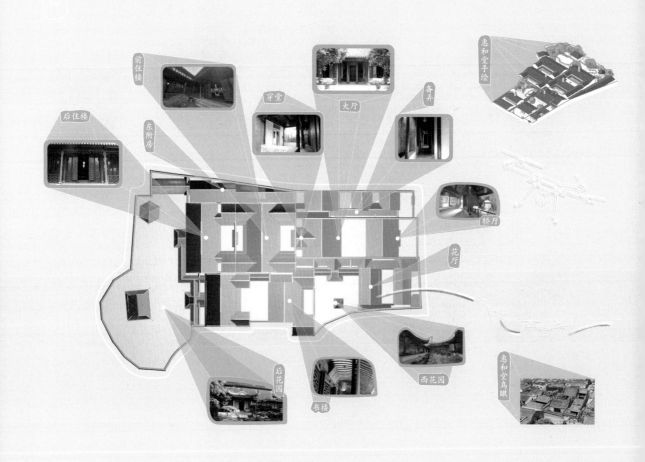

前住楼

后住楼

东附房

穿堂

大厅

备弄

轿厅

花厅

后花园

书楼

西花园

惠和堂手绘

惠和堂鸟瞰

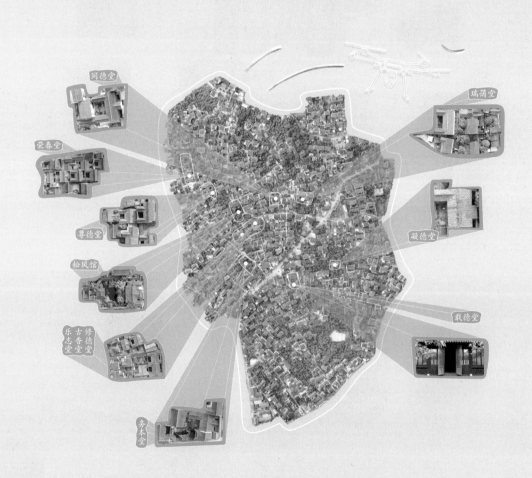

翁巷古村航拍影像

同德堂

瑞蔼堂

荣春堂

尊德堂

凝德堂

松风馆

载德堂

修德堂
古香堂
乐志堂

务本堂

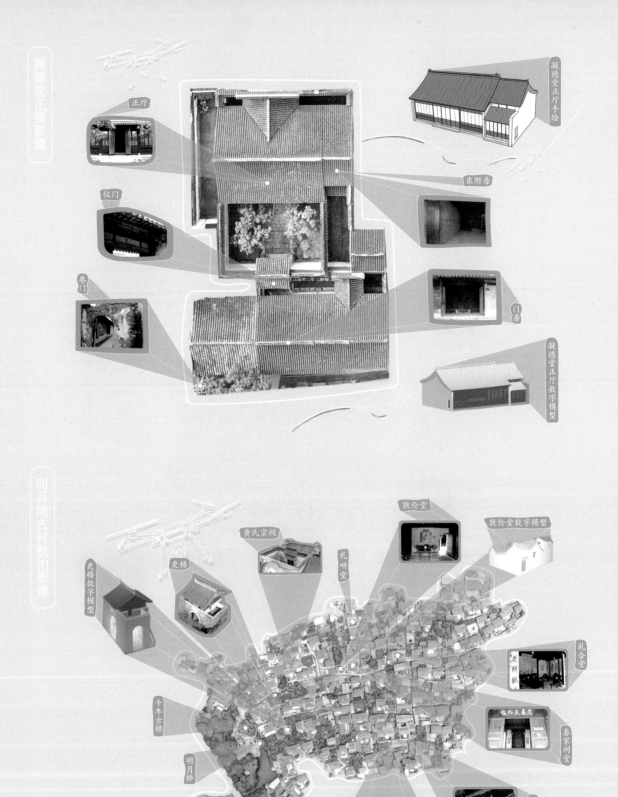

凝德堂正摄影像

凝德堂正厅手绘

正厅

仪门

巷门

东附房

门房

凝德堂正厅数字模型

明月湾古村航拍影像

更楼

更楼数字模型

黄氏宗祠

礼邠堂

敦伦堂

敦伦堂数字模型

礼和堂

秉闲斋

催化又盖范

泰家祠堂

千年古樟

明月桥

瞻瑞堂

古码头

楮耕堂

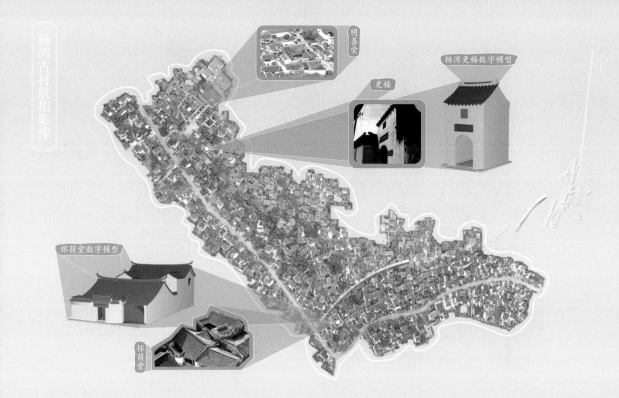

杨湾古村航拍影像

明善堂

杨湾更楼数字模型

更楼

怀荫堂数字模型

怀荫堂

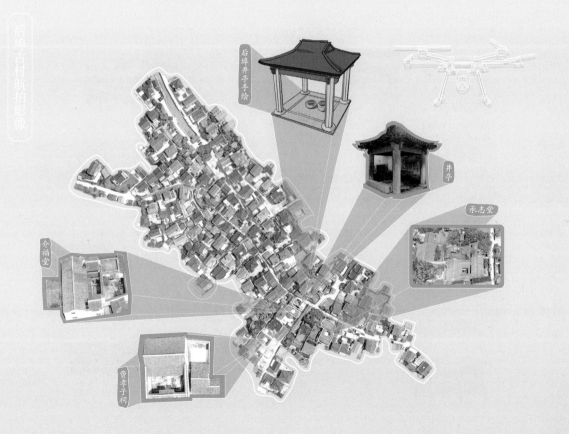

后埠古村航拍影像

后埠井亭手绘

井亭

承志堂

介福堂

贾孝子祠

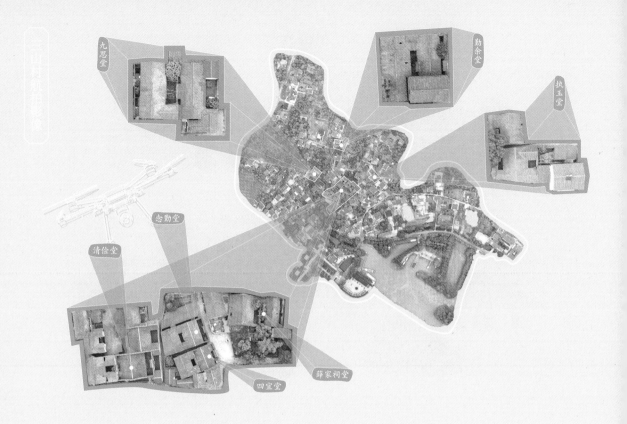

九思堂

勒余堂

执玉堂

念勤堂

清俭堂

四宜堂

薛家祠堂

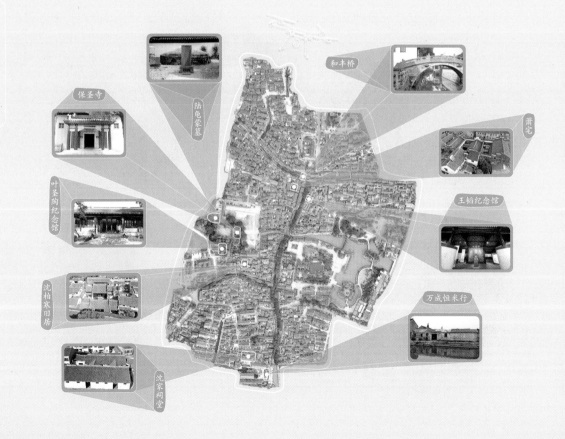

陆龟蒙墓

和丰桥

保圣寺

萧宅

叶圣陶纪念馆

王韬纪念馆

沈柏寒旧居

万成恒米行

沈家祠堂

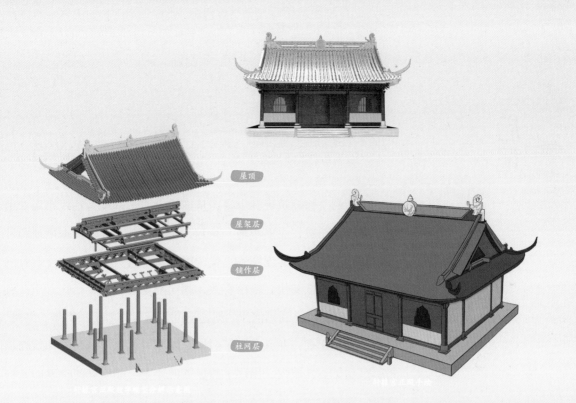

屋顶

屋架层

铺作层

柱网层

保国寺大殿数字模型分层解构意图

保国寺正殿手绘

殿内顶部藻井

屋脊（螭吻）

鬼头屋

寂鉴寺石殿手绘

寂鉴寺石殿数字模型

寂鉴寺石殿外景

后记

　　吴县的文物建筑极其丰富，从面貌上看，基本为轴线布局，由进、落组合而成，大多小巧、精致，布局高妙，又能根据用地和种种条件自由调整，实现精致、优美的建筑空间。这些文物建筑有的依凭山势，高低起伏，错落有致，朝向随地形调整，变化万千；有的依凭水系，往往利用河岸、河道空间，形成类似于吊脚楼、出挑、骑楼等建筑样式，并且产生了驳岸、埠头、水湾等附属的构筑物。之所以在吴县县域内，出现了数量如此丰富、品质如此卓越的文物建筑，其根源在于吴县地处航运中枢，加之气候宜人，因此交通发达，物产丰富，文化昌盛，无论自然景观和人文景观，都颇具魅力。自五代以来，吴县少有战乱，社会平静，许多达官贵人、文人雅士皆迁居于此，以躲避兵燹。在这一土壤中，自然形成了一大批技艺水平极高的造园家、营造家、匠师、技工。其中，以太湖之滨的香山为核心，形成了一个称为"香山帮"的建筑匠人团体。后来，香山帮又参与了北京宫殿的建设，将吴中的文物建筑风貌带向更广大的地域。

图书在版编目（CIP）数据

世间乐土：江南日常生活风景 / 吴中博物馆编 .—北京：北京大学出版社，2022.3
ISBN 978-7-301-32593-3

Ⅰ . ①世… Ⅱ . ①吴… Ⅲ . ①江南（历史地名）—社会生活 Ⅳ . ① K928.6

中国版本图书馆 CIP 数据核字（2021）第 200568 号

书　　　名	世间乐土：江南日常生活风景	
	SHIJIAN LETU: JIANGNAN RICHANG SHENGHUO FENGJING	
著作责任者	吴中博物馆　编	
主　　　编	陈曾路	
责 任 编 辑	于海冰	
书 籍 设 计	曹文涛	
标 准 书 号	ISBN 978-7-301-32593-3	
出 版 发 行	北京大学出版社	
地　　　址	北京市海淀区成府路 205 号　100871	
网　　　址	http://www.pup.cn 新浪官方微博：@ 北京大学出版社 @ 培文图书	
电 子 邮 箱	pw@pup.pku.edu.cn	
电　　　话	邮购部 010-62752015　发行部 010-62750672　编辑部 010-62750883	
印 刷 者	北京启航东方印刷有限公司	
经 销 者	新华书店	
	787 毫米 ×1092 毫米　16 开本　13.25 印张　140 千字	
	2022 年 3 月第 1 版　2022 年 3 月第 1 次印刷	
定　　　价	128.00 元	